中国社会科学院老学者文库

# 裴多菲研究

冯植生◎著

中国社会科学出版社

## 图书在版编目（CIP）数据

裴多菲研究 / 冯植生著. —北京：中国社会科学出版社，2019.9

（中国社会科学院老学者文库）

ISBN 978-7-5203-5152-2

Ⅰ.①裴… Ⅱ.①冯… Ⅲ.①裴多菲（Petofi,Sandor 1823-1849）—人物研究②裴多菲（Petofi,Sandor1823-1849）—诗歌研究 Ⅳ.①K835.155.6 ②I515.072

中国版本图书馆 CIP 数据核字（2019）第 208990 号

| | |
|---|---|
| 出 版 人 | 赵剑英 |
| 责任编辑 | 范晨星 |
| 责任校对 | 闫 萃 |
| 责任印制 | 戴 宽 |

| | |
|---|---|
| 出　　版 | 中国社会科学出版社 |
| 社　　址 | 北京鼓楼西大街甲 158 号 |
| 邮　　编 | 100720 |
| 网　　址 | http://www.csspw.cn |
| 发 行 部 | 010-84083685 |
| 门 市 部 | 010-84029450 |
| 经　　销 | 新华书店及其他书店 |
| 印　　刷 | 北京明恒达印务有限公司 |
| 装　　订 | 廊坊市广阳区广增装订厂 |
| 版　　次 | 2019 年 9 月第 1 版 |
| 印　　次 | 2019 年 9 月第 1 次印刷 |
| 开　　本 | 710×1000　1/16 |
| 印　　张 | 28.5 |
| 字　　数 | 359 千字 |
| 定　　价 | 158.00 元 |

凡购买中国社会科学出版社图书，如有质量问题请与本社营销中心联系调换
电话：010-84083683
**版权所有　侵权必究**

裴多菲像

# 前　言

　　18、19世纪的欧洲大陆，正处在历史大变革的关键节点，社会形态和社会生活出现巨大变化，各社会阶级之间的矛盾斗争非常激烈，重大社会政治事件层出不穷。科学技术的进步发展，蒸汽机的发明、推广应用，航海术的大力推进，推动海上贸易、商业的兴盛发达，北美大陆的发现，海外殖民地的争夺，为新兴的第三等级——新崛起的资产阶级逐步积累了大量财富，经济领域力量的不断壮大，必然使其谋求政治上的更大利益，要求走向政治舞台的中央。斗争首先出现在思想意识、文化舆论领域，新旧思想斗争异常激烈，甚至达到白热化程度，迸发出阵阵火花。有力地冲击着中世纪封建主义制度的顽固的思想禁锢。伏尔泰、卢梭、孟德斯鸠、圣西门等先进思想家的出现和他们著作的出版与迅速传播，在舆论上为推动资产阶级革命做好铺垫。在这种历史背景下，西欧一些资产阶级力量强大的国家，诸如法国、英国、德国、西班牙、葡萄牙等酝酿进行的资产阶级革命，已成不可阻挡之势。

　　面临社会大变革时期，在文化、文学艺术领域，尤其是在诗坛上，欧洲相应涌现出诸多在世界诗坛上声誉显著的大家，如法国的雨果，英国的拜伦、雪莱，德国的歌德、席勒、海涅，俄国的普希金、涅克拉索夫等，他们纷纷以崭新的思想、各自不同的艺术风格出现在诗坛上，打破中世纪落后的沉闷局面，在作品中揭露封建主义保守、愚昧的思想定式，追求自由、民主、人类幸福的新生活，所有这一切，总体上是符合、适应已经发生变化了的社会进步要求的，客观上反映了对当时社会发展历史阶段起着重要作用的新兴资产阶级追求目标，具有时代历史的进步意义。

相对于西南欧的法、英、德、西班牙、意大利诸国，位于东、中欧和巴尔干半岛的波兰、捷克、斯洛伐克、匈牙利、罗马尼亚、保加利亚、塞尔维亚诸国，情况有所不同。首先，东、中欧和巴尔干半岛地区历史上在社会形态、社会生活发展较为缓慢；其次，这一地区的弱小民族还面临反对外来的几个大国，如奥斯曼帝国、沙皇俄国、奥地利哈布斯堡王朝的干涉和侵略，争取民族、国家的独立、自由解放的斗争，因而在这个历史时期，先后掀起一场场轰轰烈烈的民族复兴运动。在这个历史时期被称之为弱小民族国家的诗坛上，也都涌现出诸多显赫、享有世界诗坛盛名的诗人，如波兰的密茨凯维奇、匈牙利的裴多菲、罗马尼亚的艾米奈斯库、保加利亚的伐佐夫等，他们的诗歌创作既反映时代精神，自由、民主、爱情个性解放的新思想，同时也追求民族复兴、国家独立、解放的最终目的。他们的诗歌具有高度的爱国主义思想内容，在艺术风格上显示出各自民族风格的特色。更为可贵的是，他们不但是各自民族、国家文学领域的诗人，同时也是真正的爱国主义者和民族、国家独立、解放运动的参与者、不屈不挠的志士，在世界诗坛上大放异彩，为世界文化作出应有贡献，成为经典的世界文化遗产。

地处欧洲中部的匈牙利，跟上述中东欧国家命运一样，长期受制于大国的控制支配。因此，时代进步与民族、国家独立、自由解放成为亟待解决的急迫任务。从19世纪二三十年代开始，随着西欧国家，特别是法国资产阶级革命思想的传播与影响，首先在出身中小贵族的知识分子中间产生对封建制度的愚昧、落后社会现象的不满，逐渐发展为一场影响巨大的政治性民族复兴运动。

这场在文化领域发端，具有发扬、振兴民族精神和时代进步思想的文化运动，最终发展成19世纪四十年代末一场轰轰烈烈的民族、民主资产阶级革命斗争；这场斗争虽然失败了，但它所产生的1848—1849年革命精神，永远铭记在匈牙利人民心中，鼓舞人民为民族、国家独立、富强而奋斗不息。

出身平民家庭的裴多菲·山陀尔（1823—1849），恰好就生活在这一关系到民族、国家命运、前途发展何去何从的伟大时代。裴多菲的人生道路、诗歌创作与革命斗争行动自始至终都与在诗人祖国土地上发生的1848—1849年革命息息相关。他短促的革命人生与个性鲜明的诗歌创作既是这场在匈牙利历史上产生深远影响的运动的生动反映与记录，更是时代和民族精神的最好展现。裴多菲的诗歌被奉为匈牙利诗歌的经典，诗人被奉为匈牙利民族的一面旗帜，对后世的文学、诗歌创作发展乃至社会生活都产生了不可估量的影响。裴多菲的诗歌享誉世界诗坛，与欧洲诸多声誉卓著的诗人一道步入多姿多彩的百花园，给世界文化留下一份宝贵的精神财产。

在我国，裴多菲及其诗歌创作享有很高的知名度，他本人也是我国读者喜爱的外国诗人之一。位于北京阜外大街的鲁迅博物馆院内立有裴多菲铜像，匈牙利驻华大使馆曾多次在此举行大型裴多菲纪念活动。鲁迅博物馆内至今收藏着多种裴多菲诗歌的中译本及介绍诗人情况的资料，还收集有论述诗人诗歌创作的论文和学术专著等。裴多菲及其诗歌同我国读者有着良好的缘分。自1840年鸦片战争以来的百余年间，我国人民深受列强的欺凌和侵略，民族、国家处于危难之中，也激发起反对外来干涉、侵略的爱国主义精神，不断起来抗争，谋求民族、国家复兴之路。20世纪三、四十年代，文化界先驱鲁迅先生首先将裴多菲及其诗歌介绍到我国，在读者中间产生良好反应，在某种意义上相同或相似的处境、命运而在思想情感上产生共鸣。因此，裴多菲的诗歌很快就受到我国读者的喜爱。当年，革命青年作家白莽（殷夫）诠译的裴多菲著名哲理短诗《自由与爱情》："生命诚可贵，爱情价更高，若为自由故，两者皆可抛"，更是成为至理名言在读者中间传播，至今依然常常加以引用。此后五六十年代延续到八九十年代，出现了更多的裴多菲诗歌的中译本，介绍裴多菲及其诗歌的文章、研究性论文也屡屡见诸报刊和论文集上，这都有助于读者对这位世界级诗人的了解。

面对裴多菲及其诗歌在我国读者中间有了相当程度的了解和认知的情况，如何将裴多菲和他的诗歌创作进一步作全面、深入的研究，自然将成为学术界迫切的重要任务。《裴多菲研究》学术研究项目的提出和获得批准立项，也基于这种认识和要求，希望通过全面、深入详细的剖析，展示这位中国读者喜爱的诗人的人生思想和艺术创作的真正价值所在。为此，本书将从三个方面（包括"年谱"在内共四个部分）对诗人及其诗歌作出阐述。

第一部分：首先，从整体层面，深入论证裴多菲及其诗歌创作的历史定位。结合匈牙利历史、社会发展形态，阐述裴多菲在匈牙利1848—1849年革命中的表现，最终以革命志士和爱国主义诗人活跃在关系到民族、国家命运前途的民族、民主革命舞台上，成为民族与时代精神的一面旗帜，对后世产生巨大影响，并决定了其重要的历史定位。

第二部分：尽可能详细、深入介绍诗人的人生轨迹、诗歌创作道路，重点在于阐述诗人在1848—1849年革命中的表现，诗歌创作的各个阶段以及具有独创性的艺术形式，对后世产生的深远影响，在文学史上具有无可代替的历史地位。

第三部分：精选裴多菲在各个创作阶段具有代表性的诗歌242首予以点评。着重指出每一首诗作产生的时空背景、思想及艺术特色，对应第一、第二部分所作的论述。之所以运用这一研究方式，一方面在于虚（理论论述）与实（诗歌作品）互为印证，更有实感，不流于空泛；另一方面，也将诗人的创作所显现的思想性、艺术性进行理论上的概括和升华，相向而行，互得彰显。

第四部分：裴多菲创作年谱。将诗人诗歌集出现的时间作总的梳理，便于读者对诗人创作过程有更好的了解。

\* \* \*

总括地说，通过上面三个重要方面（四个部分）的论述和具体阐述、分析与点评，把诗人的人生道路、诗歌创作紧密地融为一体；这样使得裴多菲的革命爱国主义诗人的形象显得更为立体、鲜明和真实，更具感知性，为读者描绘出一位可以贴近、亲切的诗人裴多菲。我国读者接触到裴多菲的诗歌从少量到逐渐增长，从很少了解到进一步加深，这个过程已有七八十年时间；《裴多菲研究》正是在此基础上，将我国学术界对裴多菲及其诗歌创作的研究推向深入，加深对产生这位革命爱国诗人的国度和人民——勤劳、勇敢、智慧的匈牙利民族的亲切感和敬佩，并将进一步促进和加深中国和匈牙利两国人民之间的友谊。

2017 年 12 月 5 日初稿
2018 年 10 月 9 日定稿

# 目　录

第一部分　民族与时代精神的赞歌（代序）
　　　　　——解读裴多菲及其诗歌创作 …………………（1）

第二部分　诗人与志士 ……………………………………（10）
　　一　人生轨迹 ………………………………………（10）
　　二　历史召唤 ………………………………………（18）
　　三　诗歌创作 ………………………………………（24）
　　四　艺术特色 ………………………………………（35）
　　五　结束语 …………………………………………（50）

第三部分　诗歌点评（共242首）…………………………（52）

第四部分　裴多菲年谱 ……………………………………（438）

后　记 ………………………………………………………（441）

# 第一部分

# 民族与时代精神的赞歌

## （代序）

——解读裴多菲及其诗歌创作

裴多菲·山陀尔（1823—1849）是19世纪匈牙利最著名的诗人。他既是一位伟大的爱国主义诗人，也是一位坚定的民族、民主主义革命斗士。在19世纪三四十年代，欧洲资产阶级革命酝酿前夜及匈牙利民族复兴运动兴起，特别是在匈牙利1848—1849年的民族、民主、独立解放战争中，裴多菲的诗歌创作及其革命行动得到完美的契合与充分的展示，显示出匈牙利人民为争取民主、民族与国家独立解放而英勇斗争的爱国主义精神，不愧是匈牙利民族与国家不朽的精神财富。

裴多菲诗歌创作和革命活动的重要意义在于：无论是在诗歌艺术创作领域还是革命运动过程中，他始终以一位代表新的艺术创作方向和具有坚定意志与政治敏感的斗士的身份出现在纷繁的舞台上，给后世留下永不磨灭的光环。

裴多菲的诗歌创作、思想发展及革命活动是与他生活的时代密不可分的。19世纪的欧洲，历经中世纪的黑暗的封建制度，新生的资产阶级崛起，新的社会民主思潮的出现，新旧势力的对立斗争日益显现，都预示着一场难以避免的社会革命即将来临。平民家庭出身的裴多菲，从小在行动上就萌发出来的追求独立、自由的思想行为，跟他多年独自在外求学养成的习惯有关，也跟时代的思想倾向的影响不无关系，尤其是表现在他早期的诗歌创作方面。欧洲资产阶级自由民主新思维，在文学、文化领域表现尤为突出，要求打破陈规，推旧出新，摆脱过时的条条框框；在诗歌领域，就是积极浪漫主义的出现，要求诗人走平民主义道路，在思想原则上表现出独立自由倾向，艺术创作方面则力求创新，在裴多菲早期诗歌创作中，就表现出追求个性独立解放的思想内容和艺术形式的平易、大众化上面。以此为基础，裴多菲始终继续前行，在诗歌创作和革命人生中创造辉煌。

诚然，裴多菲接受他生活时代进步思想的熏陶和影响，诗歌创作体现出时代的要求，这是他获得成功的重要原因，自然无可争议。但是同样值得注意的是，裴多菲是生活在他的民族国家——匈牙利这方沃土上的，他的诗歌创作和革命活动理所当然跟民族、国家的命运息息相关。19世纪的匈牙利，外受制于奥地利哈布斯堡王朝，内受大贵族地主阶级统治，处于落后的封建主义制度的社会形态。因而，匈牙利资产阶级革命运动，与西欧国家资产阶级革命相比较，运动的追求目标和表现形式都不完全一致，更突出其民族、国家所处社会形态的特点和要求。很显然，处在19世纪的匈牙利的资产阶级革命运动，最突出、最迫切需要解决的问题是：民族、国家的独立，民主自由与解放。正是基于此，始于19世纪二三十年代，在匈牙利兴起一场大规模的民族复兴启蒙运动，从文学、文化领域开始，启发民智，要求确立本民族语言文字，弘扬民族先辈光辉传统，逐步发展成在政治领域进行一场与民族、国家前途攸关，目的在于建立独立、自由的资产阶级民主民族国家。可以说，裴多菲的诗歌创作正是孕育于时代的先进思想和民族、国家命运前途相辅相成的环境之中的，从而体现出时代与民族、国家的崇高思想与精神实质。

正是在时代进步思想和民族、国家特殊需要融合一致的基点上，才能真正发掘和阐释裴多菲诗歌创作实质及其革命活动的真正重大意义，具体地说，表现在以下几个方面：

**反对封建主义制度。**首先，裴多菲是一位真正彻底的反对封建主义制度的斗士，他的反封建主义思想从一开始就在诗作中得到充分表现，而且是贯穿在诗歌和实际行动里。从早期写就的《贵族》《反对国王》诗篇里，诗人无情地揭露了匈牙利贵族阶级的懒惰、愚昧与落后，已丧失先辈的光荣战斗精神和传统，成为社会进步的绊脚石；而对于封建主义制度的总代表——国王，更是以一种不敬的嘲笑口吻，指出国王只不过是压在人民头上的木偶，一旦人民觉醒，必然把木偶推倒。裴多菲后期有关此类题材的诗作，例如《致国王们》《把国王们统统绞死》等诗篇中，直接指出"国王不配获得桂冠"，人民一旦站立起来，必将"国王踩在脚下"，革命最终要将"国王送上绞刑架"，等等，这说明随着革命形势的明朗化，诗人思想的不断成熟，裴多菲反对封建主义制度的态度更加坚定，这类题材的诗篇自然也就成为裴多菲诗歌创作的重要部分，具有重要的积极意义。

**自由、民主思想的形成与深化。**在19世纪的欧洲，反对封建主义是时代进步思想重要的一个方面，与此同时，追求自由、平等、民主、国家与民族解放更是最重要的目标。在裴多菲早期创作的一些诗篇中，人们就可以发现，其中已经出现要求独立、自主或者自由的朦胧思想倾向。他在外出求学期间，就有过摆脱外在束缚，追求当流浪演员、过独立自由生活的行为和思想，表现出强烈的个性特征。随着时间的推移和诗人思想的进一步发展，自由、民主思想不再仅仅是个人的追求目标，更是跟时代的进步思潮相结合，富有深刻的重大社会意义。这表现在诗人创作的诗作如《我的歌》《人民》《我爱……》等所传达出来的意向中，在《我的歌》一诗中，诗人已经把视野从个人狭小层面推

向更广阔的社会层面,宣称:

> 不要生活在幻梦的世界,
> 更需要的是生活在未来之中。
> 诗人在《我爱……》一诗中,直接宣告:我爱的是一位女神——
> 一位被驱逐的女神:自由。

虔诚地表示要为女神献上自己的头颅。正是这种从个人追求独立、自由的个性化思想向为人民大众获得自由的进一步深化,说明诗人为创造一个自由美好世界献身已做好思想准备,而且一直贯穿在他的全部诗歌创作和直接的革命人生之中。

爱国主义思想。裴多菲的诗歌创作反映出来的反对封建主义制度,追求自由、民主的资产阶级时代进步思想,最终归结在爱国思想基础上。可以说,爱国主义思想是裴多菲诗歌创作的主体,是解读诗人全部诗歌创作的关键、精髓所在,也最能体现其重大意义。裴多菲从一踏上诗坛,就在诗作中吐露出一颗赤子的爱护祖国的心。在《爱国者之歌》里,诗人毫无保留地直抒心迹:

> 我属于你,
> 全属于你,
> 我的祖国!
> 我的这颗心,
> 我的这个灵魂。

出于这种植根于思想深处的高贵思想,裴多菲披露和谴责大贵族地主阶级只顾自身贪图享乐,依附奥地利哈布斯堡王室,视深处苦难的祖国于不顾的可耻行径,在《致住在国外的匈牙利人》

一诗中对他们大加挞伐。在革命到来之时，裴多菲创作的《民族之歌》一诗，更是他爱国主义思想的最高体现，宣誓苦难的祖国要求获得解放，永不做奴隶，涌现出一股正气凛然的爱国主义精神。在跟随而来的保卫革命成果，捍卫祖国独立、解放的战斗中，裴多菲既是以诗人，又是以战士的身份站在激烈战斗的最前沿，用实际行动践行一位真正爱国者的高贵情操与品德和一贯的爱国主义思想，十分难能可贵，受到匈牙利人民的永远崇敬和爱戴。

诚实、正确、可贵的爱情观。可以说，爱情诗在裴多菲的全部诗歌中占有很重要的地位，分量也是很重的。从裴多菲一生创作的三组爱情诗组《艾德特尔卡坟头上的柏叶》《爱情珍珠》和《尤丽娅爱情诗》中，传达出诗人爱情诗作一贯的最具个人魅力的特点：真心、热忱、坦率、挚爱。《艾德特尔卡坟头上的柏叶》诗组作为裴多菲早期爱情诗的代表作，表现出初恋特有的热烈、真诚的思想情感，通过直接、大胆的语言，对初恋展开胸怀，对早逝恋人表示万般哀恸。《爱情珍珠》诗组则是一位男子思想逐步成熟在爱情上的表现。《尤丽娅爱情诗》诗组又是裴多菲爱情观的进一步深化的产物，在幸福爱情情景描绘中融入革命思想内容，和谐、自然，思想性更为强烈，具有诗人爱情观的个性特质。短小格言诗《自由、爱情》对爱情、自由与生命三者之间的矛盾冲突作出辩证的阐明，为了民族、国家的最高利益，即独立解放，不惜牺牲个人的一切，直至宝贵的生命，这就是裴多菲最为人称道的真正可贵的爱情观。

裴多菲创作的诗歌不仅在思想内容方面具有积极的进步性，在艺术形式、体裁方面亦有创新，显露出积极浪漫主义诗人独具的个人风格。

作为19世纪欧洲（特别是匈牙利）积极浪漫主义流派代表诗人之一，裴多菲最初创作之时，自然也受到包括匈牙利在内的欧洲古典优秀文学的影响并从中获益。与此同时，裴多菲还从19世纪二三十年代在匈牙利兴起的民族复兴运动中得益。民族复兴运动主要内容之一是振兴、发扬民族文化传统与民族精神，发掘、学习、吸收民族民间文学（包括民间诗歌、民谣、故事、传说等）精华并形成热潮。裴多菲是这场民族复兴运动的参与者，也是获益者，最终形成个人的独特艺术风格。

出身平民家庭的诗人裴多菲，接受、吸收本民族民间文学优秀传统似乎是一种天性，再自然不过。民歌体诗歌，正是裴多菲积极向民间歌谣学习、丰富自身诗歌艺术形式创作的体现，是与同时代其他诗人不同、最有特色的艺术创新。民歌体诗歌的特点是题材上的平民大众化，描写下层劳动人民生活情景的诗篇，如《谷子成熟了……》《我转身走进厨房》《月亮世界沐浴在天空的海洋里……》《论价》《四头牛拉的大车》等，这些在所谓高贵文人笔下不值得描写的题材，裴多菲却运用自如，不管是叙述故事、人物形象，都显得自然、亲切、逼真，语言应用上朴素、简洁而又生动，传达出普通劳动者真挚的思想情感和崇高的思想品德。再者，裴多菲借用民歌中常见的形象对比，轻松、欢快的语言创作了许多抒情、生动的爱情诗，例如《树上的樱桃上千颗……》《一百个形象》《矮小的房子》《我愿意是树，倘若……》等等，如同在民间广为流传的优美爱情诗一般，在人民大众中间传唱，更有音乐大师将其谱成歌曲，或被名家收录在精选的民歌诗集里，这都说明裴多菲在民歌体诗篇创作艺术上的成功，具有诗人独具的艺术创作特点与艺术魅力。

在匈牙利文学史上，裴多菲无疑是诗歌领域的积极浪漫主义流派的重要诗人，爱情诗篇占据其诗作的重要部分，除了一般性的爱情诗，还创作出了著名的《艾德特尔卡坟头上的柏叶》《爱情珍珠》《尤丽娅爱情诗》等三个诗组，仅就其艺术描写风格而言，就显露出不拘一格的个性特色。关于一般性的爱情诗，如《爱情呀，爱情……》《我的爱情》《我愿意是溪流》《在小山坡旁有丛玫瑰》等，借用大自然事物的对照、相对依存的对比、简明扼要的语汇，创造出一幅幅精致、生动、幸福、美好的图景，产生一种令人沉醉与难忘的意境。这种健康的艺术魅力是裴多菲爱情诗篇特有的风格。

裴多菲爱情诗的艺术风格又是丰富多彩的，随着不同环境、不同时期、不同心态的不断变换，诗人运用的艺术表现手段也各有不同，但基本上都拥有一个共同点：大胆、忠诚、炽热、深情所体现出来的艺术感染魅力。《艾德特尔卡坟头上的柏叶》诗组采用的是短诗形式，语句精练短小，短时期里强烈反差的心理变化，表现得十分突出。初恋时表现的大胆追求，对爱情幸福的期望，短诗里出现的是欢乐、美丽的词汇，对病逝恋人的哀恸用的是相符合的悲痛的语言表达，虽然诗组描绘出前后两段时间不同的思想、心理的变化，同样是短诗，但无论是热烈追求的赤诚，或者是对逝者的思念与哀伤，都表现得符合身份，乐而忘忧，悲而不沉沦、始终表现出一种积极的人生常态，使用短诗形式予以反映，应该说是诗人艺术特点之一。

裴多菲的爱情诗创作，随着时间的推进又有新的发展。1845—1846年创作的《爱情珍珠》诗组，就表现出一位思想更为成熟的男子的炽热情感与热烈追求。尤为值得注意的是，诗组中的一些诗篇，已经开始出现爱情与自由相联结的思想表述，例如在《倘若上帝……》中，诗人就说：

> 我唱完最后迷人的歌曲，
> 一个吻合上我的双唇，
> 你的吻，你美丽的自由，
> 你天上光辉的精灵！

总之，以上两个诗组从思想内容到艺术形式都体现了裴多菲完美的爱情诗作的特色风格。

裴多菲的爱情诗歌创作艺术风格并不就此止步，而是继续迈向新的高度，创作出最重要、最具个人风格和独特性质的诗歌体裁——政治抒情诗。这在他的《尤丽娅爱情诗》诗组部分诗作中得到最充分的体现，其最突出的特点是将个人的爱情幸福跟社会思想命题作最完美的结合，从而创作出一种新的诗歌体裁。在《尤丽娅爱情诗》诗组的部分诗篇中，表达出诗人在恋爱时的热烈追求、婚后享受幸福生活的美好，以及对自由的向往，做好斗争的思想准备。爱情与自由两者之间的高度契合，最好地表露出裴多菲的政治抒情诗的艺术特色。最具代表性的诗篇《悲凉的秋风在跟树林交谈》就生动地将对妻子的爱同为民族争取独立自由的思想巧妙地相结合，完成一幅美好、意味深远的艺术作品。

此外，裴多菲在诗歌创作中最具艺术特点的还有政治诗篇。这类诗作是裴多菲政治抒情诗歌创作的重要部分，思想内容高度政治化，与此相适应，其应用对象和表现的艺术手法、特点也不相同。裴多菲是坚定的民主主义者、彻底反对封建主义制度的斗士，在《反对国王》《国王和刽子手》等诗篇里，诗人以嘲笑、大不敬的语句，彻底批判封建主义的总代表国王，表现出极其严肃的艺术性。对于落后于时代的贵族，在《贵族》等诗中，运用揭露、批判的方式，指出其愚昧、无所作为的本质，采用讽刺、揭露的方式，彻底昭示其丑恶面目，产生出令人痛恨的感受，运用的是一种沉重、严肃的表现形式。

同样是政治诗篇，在革命爆发、革命进行过程中，以及革命面临危机时，裴多菲创作的诗歌的艺术风格又不同于过去。在《意大利》一诗中，诗人对即将来临的革命欢欣鼓舞，满怀喜悦之情："他们终于摆脱锁链，拿起宝剑，南国的橘树林已是一片暗淡，如今血红色的玫瑰开在国中——"诗中运用高昂的声调，透示出极其豪放的气概风范。《民族之歌》歌词使用叠句的形式，显示出一派气壮山河、一往无前的精神力量,体现出又一种艺术风格和特点:诗句坚定有力,富有震撼力和强大的鼓动性。裴多菲创作的政治诗篇的另一种艺术形式与风格是进行曲诗歌形式。代表作有《战斗之歌》《全世界都在战场上》《埃尔代伊的军队》等,这些具有进行曲风格与特点的诗篇,词句精练、朗朗上口、铿锵有力,在激烈战斗中,勇士们高声吟唱着诗歌冲锋奋战,真正显示出进行曲明快、高亢、热烈的艺术特性。

总体来说,裴多菲的诗歌创作不仅在思想内容方面具有高度的精神力量和积极意义,在艺术风格方面亦显示出明显的个性特征与极大的创新,无论是民歌体诗歌、爱情诗篇、政治抒情诗还是政治诗篇,都显示出不同的特色,说明诗人在诗歌创作中蕴藏的巨大内在能量。

裴多菲无愧于匈牙利及世界诗坛经典诗歌大师之盛名。

# 第二部分

# 诗人与志士

## 一 人生轨迹

  子夜，教堂钟声响亮，昭示着一个男婴的降生，时间定格在1823年7月1日，出生地是在匈牙利南部著名阿尔弗勒德大平原上的小城镇——奇仆克勒什。镇子里匈牙利族和斯洛伐克族杂居，只有八千多居民，他们拥有各自的教堂，不过，两个民族的语言在这里却是通用的。

  男婴出生在一个清贫的家庭，父亲彼得罗维奇·伊斯特万是有斯拉夫血统的匈牙利人；他身体健壮，性格开朗、好动、直爽，有些暴躁。母亲赫鲁兹·玛丽娅是位斯洛伐克族姑娘，黑发，性格内向，温顺娴静。男婴父亲是位屠户，母亲做过女佣，都是穷苦人；第一次为人父母，他们感到无限欢喜与快慰，请路得派牧师马尔蒂尼·米哈依给新生儿施洗礼，起名彼得罗维奇·山陀尔。

  小彼得罗维奇的童年算得上是幸福的。他出生后，家境稍有好转，他也得到了很好的照料，母亲产后患病，父亲还为他请保姆看护。小彼得罗维奇天性聪慧、好学，小小年纪就显露出语言天赋，同父亲和保姆说匈牙利语，跟母亲学斯洛伐克语，有时候两种语言同时使用。母亲教会他唱的动听的民歌、民谣，更是给他的童年留下深刻的记忆；他在后来写成的《我的故乡》（1848）一诗里，就深情地描绘了童年的快乐生活。

彼得罗维奇很关心儿子的教育，尽可能送他上条件较好的学校，小彼得罗维奇七岁起就开始离家求学，十岁就进入佩斯一所新教学校就读，学习成绩不错，后因对剧团演出感兴趣，成绩一度下降，父亲又送他到奥尚德去上学，这里乡村气息较重，他安下心来，苦读几年，成绩大有上进。他长年离家，不免产生孤独感，开始显露出倔强、好胜的个性特征。

1838年秋天，小彼得罗维奇即将中学毕业。在学校学习时，他涉猎广泛，古典作家作品、法国1830年革命书籍，都在他阅读范围之内。他是自学小组的积极参与者，在诗歌创作方面开始崭露才能，受到老师的好评，还跟老师共同写了《告别了，1838年》一诗，作为结束学习、即将离校之作。

小彼得罗维奇虽然还是个少年，但已具备一定阅历，意志坚定，性格直率，爱国思想已经有所显现。父亲也看到了儿子的才华，尽力培养他，希望儿子将来当上教师，或者成为牧师，反对儿子成为演员；不过，他从不曾想过儿子会成为知名的诗人。

学年结束了，小彼得罗维奇满怀喜悦，返回家乡，准备将一份学习优秀成绩单呈现给父母时，期待却被活生生的现实粉碎了。迎接他的是破碎的家和愁眉苦脸的父母。1838年，多瑙河河水泛滥，滚滚洪水摧毁了人们的家园，父母辛苦多年挣来的家业也毁了，小彼得罗维奇家破产了。面对这场意想不到的灾难，父亲考虑让儿子留下来，帮他重振家业；不过当儿子坚持要继续念书时，他最后还是答应了。

至此，家里已无力支付小彼得罗维奇继续上学的费用，他只好独自外出游学了。他离家后先报考另一地方学校公费生，不久又随一小剧团外出演出，充当跑龙套之类的小角色，就此想摆脱父亲的监护过独立生活，到社会上去闯荡。

1839年9月，小彼得罗维奇满16岁了，但尚不到当兵年龄，而且他身材瘦小，一开始他的参军要求不被接受，经过一番恳求，最终在肖普隆某步兵团当上一名列兵。在当兵一年多的日子里，他白天出操、干杂活，晚间抽空阅读、写作，终因劳累生病，在医生帮助下被批准退伍，结束艰苦的兵营生活。后来，他创作出许多反映这段生活的诗歌，诸如《致岗哨》（1840）、《致 K·柯尔莫什列兵》（1842）、《致我的士兵队友》（1844）、《我是一名列兵》（1844）等。

离开兵营，一无牵挂，却又没了归宿，于是小彼得罗维奇便到处走动。在接下来的一年多时间里，他的足迹遍及半个国家；在小城帕波，他结识了未来小说家约卡伊。经过多年的努力，艺术才能逐步成熟，成果之一是 1842 年 5 月 22 日，他创作的《酒徒》一诗，终于发表在著名刊物《雅典论坛》上，署名裴多菲·山陀尔，此后便正式沿用下来。

1843 年，裴多菲 20 岁，发表过诗作，在文学界稍有名气。他听说 5 月间在波若尼召开国会，讨论解放农奴及确定匈牙利语为正式官方语问题，会议期间各方人士云集，便决定去碰碰运气，有机会便参加剧团，圆演员梦。

不过，运气不佳，裴多菲参加剧团的要求遭到拒绝，生活无着落，只好靠抄写《国会公报》所得的微薄报酬糊口。这次国会什么问题都没有得到解决便休会了，之后裴多菲的生活又没有了着落。后来，他在《远方寄语》（1843）一诗中叙述了这段生活的困境和自己的心绪。

不久，裴多菲打算同一个前往埃尔代伊的剧团结伴远行，半途因病落脚东部城市德布雷森。1843 年的冬季特别寒冷，裴多菲待在没有生火的票房里经受饥寒之苦，多亏一位好心老妇人的照顾，才让他得以度过寒冬。

1844 年 2 月，裴多菲准备离开德布雷森返回佩斯。这些年他发表了一些诗篇，于是决心将写就的 78 首诗抄写在笔记本里，随身携带回佩斯寻求出版。路过名城埃格尔，受到热爱诗歌的青年们的欢迎和款待，裴多菲也给他们朗诵了情真意切的诗篇，如在《埃格尔的钟声》（1844）一诗里，就抒发了自己真挚的感情。经过一个星期步行回到佩斯后，他找书商联系诗作出版，却遭到唯利是图的德国书商拒绝。无奈之下，他鼓起勇气找到当时著名的诗人魏勒什马尔蒂，经诗人推荐，民族社出版了裴多菲的诗集，他便有了名气和稿酬。

1838—1844年，裴多菲这些年的艰辛生活终于告一段落，从此开始，他的生活和创作发生了新的变化。较为稳定的生活，激发了裴多菲的艺术创作潜力。经魏勒什马尔蒂推荐，裴多菲受聘担任由瓦霍特·伊姆雷主编的《佩斯时尚报》的助理编辑，有了固定收入。由此，裴多菲终于告别过去向往的戏剧和演员生活，满怀信心从事诗歌创作了。1844年秋季，裴多菲发表讽刺长诗《农村大锤》，12月，又发表著名长篇叙事诗《亚诺什勇士》片段。

裴多菲成了全国颇有名气的诗人，结识友人埃格莱什·格保尔、波奇·阿尔比尔特、帕尔菲·奥尔帕特和瓦霍特·山陀尔等，他们常常在毕尔瓦茨咖啡馆集会，这一集会成为社会生活舆论界的中心和时政论坛，他的言论越来越受到大家的认同。

在这个时段里，诗人在感情生活上也发生变化，并促进其诗歌创作的发展。在一次家庭聚会上，诗人结识了瓦霍特·山陀尔的妻妹——15岁少女乔柏·艾德特尔卡，一见钟情。可惜，这桩本会给两人带来幸福的喜事却以悲伤结束。1845年1月间，艾德特尔卡突然因病去世，这给诗人带来莫大的哀痛，并写下了第一组爱情诗篇《艾德特尔卡坟头上的柏叶》，在诗里，诗人情真意切地传达出对初恋少女的怀念和哀思。

1845年4月初，裴多菲离开佩斯，出游上多瑙河地区。此次出行，诗人不再步行，而是乘坐驿站快车。大概是诗人为了让自己心境平静，应友人邀请而作出此行；也许因他跟瓦霍特之间发生不快有关，瓦霍特从商业利益出发，欲对诗人在创作上表现出来的民主思想施加影响，引起诗人的不满和拒绝，因此离开编辑部，只答应作为《佩斯时尚报》的自由撰稿人。

1845年7月，裴多菲在雪特勒结识当地一位叫米特南斯基·贝尔托的姑娘，当9月诗人提出求婚时，遭到女方父亲反对，姑娘也表现冷淡，此事只好作罢。不过，诗人此时创作了《爱情珍珠》诗组，表露出对爱情和自由思想的向往与追求。

这一年发生的许多事情使诗人在思想上产生了某些困惑。在情感上受到创伤，随着个人名声提高和在诗作中显现出来的民主思想受到保守派的恶意批评以及友人的不理解，一些报刊对他的诗作不予刊登。所有这些因素，使得诗人在思想上产生困惑、不安和某种程度上的淡淡哀愁。

这些正是诗人在1846年创作的《云》诗组的思想原因。《云》诗组包括66首短诗，每首诗由四行或八行短诗句组成，表露出沮丧和不安的思绪，甚至是失望的声音。《云》诗组的出现，表明诗人处在对现实的失望与对未来自由的期待的矛盾之中，幸运的是，经过一段时间的内心斗争，诗人最终摆脱思想危机，民主、自由思想逐渐成熟，并表现在行动上。

从诗人这段时间的思想发展脉络来看，显然得益于法国社会主义思想在匈牙利的传播和影响。在1846年夏季写就的《致瓦罗迪·安托尔的信》一诗中，诗人催促友人增强信心，及早行动起来，也说明作者克服了心灵上的创伤，迈出了民主革命坚实的关键步伐，提高了思想境界。以此为开端，诗人将做好准备，以新的姿态投身于关系到人民未来与祖国前途命运的政治斗争中去。

1846—1847年，是裴多菲人生和创作发展的重要阶段。这一时期对于诗人来说，最重要的是三件事情：其一，在毕尔瓦茨咖啡馆的"民主论坛"集会上，以裴多菲为首，包括汤波、约卡伊、帕尔菲、贝尔切等在内的青年作家，形成了"十人协会"，他们志同道合，是法国革命的崇拜者，是落后、愚昧封建的匈牙利严厉批判者，他们宣称"我们都是法国派"！从此，诗人不再孤立。

对裴多菲而言，第二桩重要事件是，1846 年 9 月 8 日，在一次舞会上结识了未来的妻子申特莱依·尤丽娅，一位伯爵庄园管理人的女儿。尤丽娅的出现，又燃起了诗人的爱情之火。但他们之间的爱情一开始并不顺利，对于诗人的追求，尤丽娅态度冷静，只答应来年春天予以答复。诗人返回佩斯后，两地相隔，一度传说尤丽娅已经出嫁，使诗人深感沮丧与失望。最后，事情得到澄清。就在他们相识 1 周年，不顾女方家长反对，二人结成连理，去阿尔托度蜜月，然后双双返回佩斯。从追求到婚后甜蜜生活，裴多菲创作了一系列优美诗篇，组成了著名的《尤丽娅爱情诗》诗组，也成为诗人在此期间创作的政治抒情诗最成熟最杰出的一部分。

第三件重要的事是同阿兰尼·亚诺什结成友谊。阿兰尼完成民族史诗《多尔第》第一部后，便把手稿寄给裴多菲。裴多菲很快读完，于 1847 年 2 月给作者写信，表示高兴和祝贺。基于共同认识与志同道合，彼此结成终生友谊，也成就匈牙利文学史上一段佳话。

在同阿兰尼的多次通信中，裴多菲还阐明了自己的政治立场和美学观点。他在信中表示：真正的诗歌是人民的诗歌。人民在诗歌领域成为统治者，就意味着人民将要在政治上成为统治者。他认为，艺术创作必须求"真"，只要是"真实"的，必定是"自然"的，也应当认定是"美"的。裴多菲和阿兰尼都认为，在文艺作品中必须歌颂代表人民利益的、民族英雄的大无畏反抗精神。

由此可见，在 1846—1847 年短短两年间，裴多菲在思想觉悟上，已从一位平民诗人向自觉的民主主义者转变，将以新的姿态投身影响祖国和人民命运的革命洪流中去。

裴多菲于1847年1月1日创作的《自由·爱情》短诗中，明确表达了自己的心志：一位真正的革命者，为了民族的独立与解放，国家的民主与自由，将不惜献出一切，甚至生命。随后的革命进程，充分表明诗人践行了自己的誓言。

婚后，诗人在享受家庭幸福之时，依然关注革命形势动态。本来，他曾计划安下心来，进行关于英雄人物莱赫尔的史诗创作。可是，1848年欧洲资产阶级革命形势的发展，不允许诗人埋头于书斋创作，必然会投身于关系到祖国人民命运的政治风云中去。

岁末年初，作为具有高度政治敏感性的诗人，裴多菲意识到形势的变化。他表示，现状不可能长久不变，因此，在《致柯扎尔扬·皮尔蒂亚尔》（1848）一诗中，催促同伴调整好心态，准备投入将要来临的革命洪流中去。

1848年，诗人期待的革命终于爆发了，在欧洲大陆中心，一场轰轰烈烈的史无前例的反对封建势力的资产阶级革命运动迅速开展起来。此时，裴多菲不仅满心喜悦关注革命形势的发展，更是全身心地投入革命运动中去，用实际行动证明作为真诚爱国诗人的品德与价值。

1848年1月，意大利首先举起革命大旗，消息传来，裴多菲立刻写下《意大利》一诗，讴歌革命："来了，这一伟大、美好的时刻到了！"紧随意大利之后，2月在法国，3月在维也纳，熊熊革命烈火也燃烧起来了。此时，裴多菲意识到盼望已久的历史时刻即将来临，写出了热情洋溢的革命诗篇，如《冬夜》《一八四八》《强劲的风吹着……》等。

在获悉维也纳人民起义的确切消息后，裴多菲马上从外地赶回佩斯。3月13日晚，诗人为反对派小组聚会创作了著名的革命诗篇《民族之歌》。3月15日，在激进的青年作家组织，即"十人协会"的积极鼓动和带领下，佩斯爆发革命起义。此时的裴多菲不仅以诗人的身份，更是从运动的发动者和领头人的姿态站在斗争的最前列。当天上午，就在民族博物馆万人集会上，裴多菲朗诵了《民族之歌》。这首被誉为匈牙利"马赛曲"的革命诗篇随即在全国传扬开来，鼓舞人民起来斗争。裴多菲还参与起草具有资产阶级革命性质的纲领，即要求包括集会自由、言论自由、出版自由在内的十二点要求。起义队伍朝布达进军，夺取印刷厂，首次不受检查印发革命传单。

佩斯起义引发全国大震动，一场震撼匈牙利乃至全欧洲的革命烈火燃烧起来了。当消息传到正在召开国会的波若尼时，在3月18日的会议上，代表们投票赞成成立民族政府，由巴江尼·亚诺什（1808—1849）负责组织政府，左派领袖柯苏特·洛约什也参加政府。4月14日，政府迁往佩斯。

以此为开端，在匈牙利1848—1849年民族民主革命运动期间，裴多菲从思想到行动上始终扮演着一位真正彻底的民主主义者角色，为民族独立、社会进步事业奋斗到底。为了民族独立和社会进步事业，他坚定地同内部妥协势力和外部敌人作不懈斗争。首先，巴江尼政府一开始就执行右倾路线，既不坚定站在革命群众一边，又不愿意跟奥地利哈布斯堡王室决裂，也无力解决组成民族政府问题；相反，却把矛头对准以裴多菲为首的激进青年，散布对他们不利的种种不实言论。这期间，裴多菲就写出了诸如《我的祖国，准备吧！》等诗，给妥协分子以有力回击。

在外部，奥地利哈布斯堡王室也在积极采取两面手法，一方面采取措施拉拢分化匈牙利内部阵营；另一方面，又唆使、支持克罗地亚总督耶拉什奇于1848年夏天率领叛军朝布达和佩斯进攻。更有甚者，奥地利哈布斯堡王室勾结沙皇俄国，组成联军，从东西两面向匈牙利扑来。

面对国内外的严峻形势，一直动摇不定的巴江尼政府无力应对，最终倒台了。由柯苏特出面组成新政府，号召全国人民参军，组织20万国民军，掀起一场伟大的保卫革命果实和维护国家独立的正义战争。在这场反对外来干涉、保卫祖国的战斗中，裴多菲在写出鼓舞士气的诗篇的同时，在战斗行列里从不缺少他的身影。1849年7月25日，他前往埃尔代伊地区，面见在那里领军与沙皇俄国侵略军作战的国际主义者波兰贝姆将军（1795—1850），被任命为少校副官。7月29日，裴多菲给妻子尤丽娅去信，询问妻子和儿子情况，不料竟成遗书。7月31日，在塞格什堡一场遭遇战中，一代伟大诗人、爱国革命志士竟惨死在哈萨克士兵的刺刀下，在战场上实践了保卫祖国的誓言，英名与世长存。

## 二 历史召唤

为了探究匈牙利19世纪著名诗人裴多菲的生活环境和他的思想发展脉络，有必要对诗人的祖国——匈牙利的历史作简要的叙述，这将有助于深入理解其诗歌创作的重大意义。

匈牙利位于欧洲中部喀尔巴阡山脉盆地，历史悠久，现有人口约一千万，全国面积约十万平方公里。匈牙利的先民来自亚洲，故有在欧洲"无亲戚"之称。据史料记载，匈牙利民族发源地最早是在乌拉尔山脉以东亚洲地区。公元前若干世纪，同中亚其他游牧民族一样，匈牙利民族也开始向西迁徙。匈牙利人具有亚洲民族最明显的特点，即是如同许多亚洲人一样，姓氏在前，名字随后，日常生活语汇亦多有相似。

据语言学家确论，匈牙利语属于芬兰—乌戈尔语系，最接近的民族是现今分散居住于亚洲鄂毕河流域，只有数千人口的伏右尔族和奥斯佳族。据考证，公元前若干世纪，匈牙利人同芬兰—乌戈尔语系的其他民族聚居在伏尔加地区，逐渐从母系社会向父系社会过渡，过着逐水草而居的游牧生活，也就慢慢脱离芬兰—乌戈尔语系其他民族。从公元5世纪开始，迁移持续大约四个世纪，路线从黑海以北俄罗斯大草原起，沿亚速海沼泽地带，经顿河与第聂伯河之间的莱韦迪亚和第聂伯河与多瑙河下游之间的埃泰克兹，进入喀尔巴阡山脉盆地。游牧生活后期，匈牙利人逐渐形成涅克、麦扎尔（亦称马扎尔或莫扎尔）、居特焦尔马特、陶尔扬、耶诺、凯尔和凯西七个部落。9世纪末，经歃血结盟，公推最强大的麦扎尔首领阿尔巴德为大公，在他的率领下，在多瑙河地区打败了保加利亚人和泛斯拉夫大公国的抵抗，最终于公元896年实现定居，人数约在25万至50万。

实现定居后，匈牙利人边从事游牧，边向当地斯拉夫人学习农耕技术，从事简单农业耕作。不过，匈牙利人最初还是喜欢掠夺性的冒险战争，屡屡向西欧、意大利和拜占庭发动战争。10世纪中叶，德国结束国内封建割据，打败匈牙利人，终止其对外掠夺战争。在此期间，匈牙利社会内部也发生变化，因掠夺而拥有奴隶的部落上层成了封建统治阶级，产生国家机构的条件逐渐成熟了。

随着社会生活的变化，游牧生活时期信奉的多神教已经不符合阶级关系的现实要求了。为此，格若二世（922—972）统一各部落后，就采取措施逐步放弃多神教，改信基督教，以便符合现实政治生活需要。正是借助基督教"王权神授"中心说，为其子圣·伊斯特万（1000—1038年在位）于1000年获加冕为匈牙利国王，为建立封建国家奠定基础。圣·伊斯特万国王运用和平与武力，以说服与强制方式推行西欧罗马天主教，通过建立州督制，借用州督与神甫力量，企图巩固新的封建制度。圣·伊斯特万成功建立大匈牙利王国，被称为"民族英雄"。圣·伊斯特万国王去世后，曾发生异教徒叛乱和王位争夺的动乱。直到拉斯洛一世（1077—1095年在位）和卡尔曼（1095—1116年在位）时期，封建制度最终得到巩固。

1241—1242年间，匈牙利遭受到鞑靼人（蒙古人）入侵的灾难。当时，鞑靼军队经俄罗斯一路向西进军，所经地区居民被掳走或杀害，匈牙利辖区亦不能幸免，东部地区几乎被夷为平地。鞑靼军队因其国内政治原因撤走后，匈牙利国王贝拉四世（1235—1270年在位）加紧整顿内部事务，修建要塞，重建国家机构。13、14世纪，匈牙利封建社会达到了全盛时期。

从15世纪开始，匈牙利又面临新的威胁。新崛起的土耳其奥斯曼帝国军队，经由巴尔干半岛入侵欧洲，匈牙利亦不能幸免，面临国家危难，大贵族"不寒而栗"，不敢承担卫国重任。小贵族出身的胡诺亚迪·亚诺什挺身而出，抗击土耳其人的进犯。他先后担任州督、埃尔代伊总督（1446—1456）等要职，成为全国最高权力者。1456年，土耳其苏丹穆罕默德二世亲率15万大军侵犯边塞南多尔菲赫尔堡（现今贝尔格莱德），胡诺亚迪领兵血战，最后于7月22日率领一支由工匠、农民、乡村神甫、学生和游方教士组成的十字军，对土耳其人发动突然袭击，一举击败敌人。这一仗不仅堵住了土耳其人企图打开的入侵欧洲的要道，也将匈牙利厄运往后推迟70年。可惜，几周后，这位最坚决抗击土耳其人入侵的民族英雄，却因染上流行的鼠疫而病死于军中。

胡诺亚迪去世后，一些大贵族企图夺取政权，消灭胡诺亚迪家族力量，但是在中小贵族和全国老百姓的拥戴下，胡诺亚迪之子马加什当选为国王（1458—1490年在位）。马加什即位后，对外依靠自身有限力量对付土耳其人，对内集中精力巩固中央政权，建立独立于大领主的军队和国家机器，改革和发展已建立起来的行政机构，实行中央集权。马加什国王本人受过良好教育，重视发展科学与文化艺术事业，在他统治时期，匈牙利文化事业得到繁荣发展。马加什国王创立收藏丰富的柯尔维纳图书馆，接纳国内外的人文主义学者，引来大批有声望的意大利学者，后来为马加什国王作传的宫廷历史学家蓬菲尼即是其中一位。在此时期，匈牙利建立了第一所高水平印刷所、第一所大学，在布达建成具有文艺复兴时期高水平的宫殿。这都表明中央政权巩固、经济发展、文化生活繁荣，形成匈牙利中世纪历史上的鼎盛时期。

马加什国王47岁正当壮年时突然去世，这给了厌恶中央集权的大贵族可乘之机，他们拥立亚盖隆家族的拉斯洛二世（1490—1516年在位）为国王，大权落在大贵族手中。1514年，农民因不堪沉重盘剥、压迫，在边防军军官多热·久尔吉领导下掀起一场全国性的起义。大贵族联合起来，并招来雇佣军把农民军镇压下去，对起义者大加杀戮。不过，1514年农民大起义在匈牙利历史上还是写下浓重的一笔。随着农民起义平息，大贵族之间的权力之争又愈演愈烈。洛若什二世（1516—1526年在位）继位，大贵族把持国政，国王权力旁落，国家实际上处于无政府状态。

这个时期的另一特点是，外敌入侵形势严重。随着土耳其人力量的壮大，威胁日益加重。1526年，苏里曼二世亲率8万大军、150—200门大炮朝匈牙利猛扑而来。匈牙利方面匆促间集合了2万6千人的军队（包括外国雇佣军在内）和55门大炮迎敌。8月29日，两军在莫哈茨进行决战。战斗进行非常激烈，不到两个小时，在土耳其优势兵力和猛烈炮火攻击下，匈牙利全军覆没，大批将领及数千士兵阵亡，更严重的是，主帅国王洛若什二世在败退时意外溺水而亡。

莫哈茨惨败，使国家失去独立，民族遭受厄运，改变了整整数个世纪的匈牙利历史进程。1541年，土耳其人攻陷布达，此后，国家便被分裂成三部分。土耳其人占领了中部地区，即佩奇、塞凯什堡、埃斯泰尔戈姆、豪特万和多瑙河—蒂萨河之间的广大地区，并进一步巩固其政权。东部的埃尔代伊地区是亚诺什·日格蒙德王国，实际上成了土耳其的附庸。西部成为哈布斯堡王朝辖区，匈牙利大贵族地主阶级则依附哈布斯堡王室。边塞区域成为各方长期战争地带。土耳其人占领匈牙利达一个半世纪之久。

1696年，奥地利哈布斯堡王朝的军队对土耳其奥斯曼军队发起进攻，布达获得解放，1697年，土耳其人军队在横渡蒂萨河时被奥地利军队击溃，1699年，经过英国人从中调停，双方签订了考罗曹和约，至此，土耳其人的势力终于退出匈牙利。根据和约，哈布斯堡王室获得匈牙利、克罗地亚和埃尔代伊（哈布斯堡王室将其作为直辖行省）的统治权。因此，历史上也把匈牙利从1699—1848年的年代称为哈布斯堡王朝。匈牙利的实际统治权掌握在奥地利哈布斯堡王室手中。

反对土耳其人斗争的胜利，并未给匈牙利人民带来真正的新生；相反，奥地利哈布斯堡王室并不把原先土耳其人占领的领土归还给匈牙利，而是分配给忠于王室的将军和雇佣军将领，从而进一步加紧干涉匈牙利内部事务。匈牙利人民在哈布斯堡王室专制主义和国内封建主义双重统治压迫下，依然过着悲惨的不自由生活。在忍无可忍的情况下，匈牙利人民于1697年在盛产葡萄的海基奥尔加地区发起一场规模不小的起义，起义者号召"所有寻求祖国自由的人们"拿起武器起来战斗。可惜，这次孤立的起义很快被镇压下去了；但人民对哈布斯堡王室的专制主义更为不满，矛盾日益加深，引起大批农民逃亡。由此，1703年终于引发一场由拉科治·弗伦茨（1676—1735）领导的全国性争取民族独立与自由的斗争。他号召"全体贵族和非贵族、全体真正的匈牙利人"拿起武器，许诺"谁拿起武器为把贫穷的匈牙利民族从枷锁下解放出来而斗争，谁就可以免除一切徭役和赋税"。自由斗争烽火遍及全国广大地区。但由于国内外原因，斗争没能取得最终胜利。根据1711年签订的《索特马尔条约》，匈牙利（包括埃尔代伊地区）失去独立的所有权力，哈布斯堡王室口头上答应维护匈牙利等级制宪法权和宗教自由。按照和约条款，贵族的生活方式和财产得以保护。不过，拉科治不愿接受恩赐，他说："我不能只看到我家族的利益，因为我投入战斗的唯一目的是为了我的祖国获得自由。"因此，他自愿流亡土耳其的君士坦丁堡，后来便客死异乡。

拉科治领导的争取民族独立自由的斗争失败后，奥地利哈布斯堡王室对实际上已成附属的匈牙利的政策是：一方面争取匈牙利上层统治阶级，优待教会，以使其忠实于王室；另一方面则是加强对匈牙利人民大众施行专制主义和推行殖民政策。

18 世纪初，拿破仑战争结束后，奥地利哈布斯堡王室首相梅特涅纠集俄国沙皇、普鲁士国王组成"神圣同盟"，目的在于恢复和巩固遭受破坏的欧洲封建主义制度。但是，出于各种原因，它们内部的矛盾依然是不可避免的。由于经济利益产生的冲突，匈牙利大贵族地主与奥地利哈布斯堡王室的关系日渐紧张。

19 世纪二三十年代，随着西欧资产阶级思想的传播及资产阶级革命运动深入发展，对仍受到哈布斯堡王室控制的匈牙利也产生重大影响，出现了一个涉及政治、经济、社会文化的改革运动。最初，这场运动是由一些曾去过西欧国家（主要是法国）学习的出身中、小贵族的知识分子领导的。他们对奥地利哈布斯堡王室专制统治不满，对原封不动保留封建制度造成的愚昧落后状况深感忧虑。因此，他们酝酿发动政治社会改革，发展民族文化，最终达到争取民族独立和社会进步的目的。民族语言文字的使用与规范化是形成资产阶级独立国家的条件之一，因而争取匈牙利语言文字成为官方语言文字就成为重大斗争课题之一。贵族自由派代表人物塞丞尼·伊斯特万（1791—1860）自愿捐出一年收入，创建一所专门研究语言科学的机构。以此为基础，在 1825—1827 年召开的等级国会上通过决议正式建立科学院，任务是发展和保卫匈牙利语言文字和文化、文学事业。

与此同时，以左派人士柯苏特·洛约什（1802—1894）为代表，也通过国会和社会舆论为争取"农奴解放"进行斗争。

当时，在文化、文学界兴起的走向民间，向民族文化、文学学习运动方兴未艾。该运动收集整理、编辑出版了许多来自民间的歌谣、故事、英雄传记等书籍，形成复兴民族文化、文学高潮。

总之，这场要求进行政治、社会改革、解放农奴、发展民族语言文字与民族文化、文学事业，以实现民族独立和社会进步的运动，就为随后19世纪四十年代的革命斗争做好思想舆论的准备和铺垫。

1848年，随着西欧国家的资产阶级思想进一步发展，资产阶级革命形势进一步高涨，1月在意大利，2月在法国巴黎相继发生革命，3月维也纳人民起义。正是在它们的影响下，匈牙利也于同年3月15日爆发佩斯起义，正式提出废除书刊检查，新闻、言论和出版自由，民族解放与国家独立等12点要求，这是一场反对奥地利哈布斯堡王室统治、反对封建主义的声势浩大的资产阶级民族民主革命。慑于革命人民力量的强大，哈布斯堡王室被迫作出一些让步，同意匈牙利成立民族政府和国会。不过，哈布斯堡王室并不甘心，而是玩弄两面手段，勾结俄国沙皇，凭借其强大军事力量进攻匈牙利，以民族英雄柯苏特为代表的民族政府号召人民参军，组成20万人的国防军，奋力抵抗。可惜，因寡不敌众，革命斗争烈火被扑灭去了。匈牙利历史上的这场1848—1849年的人民为争取民族、国家独立、自由解放的斗争虽然失败了，但这场斗争所展现出来的伟大革命精神却永远铭记在匈牙利人民内心深处，影响着一代又一代的人们，鼓舞并激励着他们继续为争取民族、国家独立解放、人民能过上自由幸福生活而奋斗不息。

## 三 诗歌创作

裴多菲是19世纪匈牙利伟大的革命爱国诗人，他的诗歌创作充分体现出民族自强不息的精神和时代的革命思想，而在诗歌中凸显出来的思想，就孕育在匈牙利这片沃土里。因此，研究他的诗歌创作过程，将会展现诗人思想的发展与成熟，并最终从一个平民诗人走向革命诗人的道路。

19世纪的欧洲，以西欧国家（尤以法国为代表）为主，资产阶级思想的传播与革命风云预示一场反对封建主义制度的暴风雨即将来临。由于历史的原因，匈牙利此时仍受辖于奥地利哈布斯堡王室，国内封建主义制度盛行，大贵族地主阶级把握着权力，国家、民族命运前途堪忧。正是在这样的背景下，19世纪二三十年代在匈牙利出现了一场范围广泛的民族民主复兴运动；这场从文化、文学领域发端的思潮，终于引发了19世纪四十年代政治、经济领域乃至1848—1849年的革命。

可以说，裴多菲的个人思想发展、成熟及其诗歌创作最充分地表达出匈牙利这一最具历史意义的时代精神和国家、民族意志，正因为如此，裴多菲的诗歌创作具有重大意义。

裴多菲以一个普通平民身份闯入文坛，与其他诗人不同，从一开始就表现出纯朴、大众化的思想特点。在诗人早期的诗歌创作中，可以看出作者认真学习、吸收本民族民歌、民谣等取得的成果，并融入自身的诗作中去，例如他在1843年创作的《谷子成熟了……》一诗，虽然只有短短的八行，就充分体现出民间诗歌的真挚、朴实与自然明快的特色：

> 天气炎热，
> 谷子成熟，
> ……
> 但愿你是位收割者，
> 我唯一亲爱的人啊！

诗歌对仗工整，场景清新，气氛热烈，不愧是汲取民歌精华并运用在自己诗作的典型。又例如描述正在热恋中的一对农村青年男女对爱情的追求，展示出一幅情感真切、生动、活泼画面的诗作《我转身走进厨房……》，以及刻画农村青年向往爱情，情感真挚，形式幽默诙谐的《爱情呀，爱情……》等，都表明裴多菲诗歌创作从一开始就显现出平民化、大众化的特质。在诗歌中体现出来的诗人思想的平民本质，不仅说明诗人从一开始走的就是一条正确的创作道路，也为他随后的思想发展与创作的深化奠定了良好基础。

裴多菲早期诗歌创作中显现出来的平民思想还表现在对个人命运的表述、对父母亲人的挚爱和对祖国大自然的赞颂。反映这一时期诗人思想特点的诗作，如《预言》《远方寄语》《徒然的计划》等，就通过与亲人对话、问答、关切表述的方式，述说青年时期诗人的理想、亲人之间无限的挚爱情感。《预言》通过同母亲在梦中的对话，向母亲表示："儿子的名声，一定要留在人间，永远流传。"《我在家的一个晚上》《致伊斯特万弟弟》两首诗中，都反映了诗人与家中父母、弟弟亲切感人的生活情景，传递出浓重深厚的亲情，这些同样是诗人这一时期朴实平民思想意识的体现。

裴多菲早期平民思想深深扎根于他对祖国大好河山的热爱之中，写于1844年的《阿尔弗勒德》一诗就最好地传达出诗人内心的真实思绪：

>海一般宽阔的阿尔弗勒德平原，
>那里有我的祖国，有我的世界！

诗人的心灵如同高高飞翔的山鹰，巡视着神奇、广袤的平原的金色斑斓的美景，神往、骄傲胸怀油然而生；最后，诗人表达出"壮丽的大平原，我多么爱你！"的心迹。在后来写就的诗篇，诸如《蒂萨河》（1847）、《草原的冬天》（1848）等同样赞美祖国美好山河的诗篇里，书写出自己与人民同为一体，视这块土地为自己生命之源头，对它表达内心的眷恋与热爱。

这个时期诗人思想的内核可以归结为爱国主义。对诗人而言，普通劳动者、美丽山河、乡间人物风情并非虚无缥缈的概念，而是构成一个内容丰富的实体——祖国。在1844年创作的《爱国者之歌》一诗里，诗人就对祖国奉献出一片赤诚之心。诗的开头，出现感动人心的诗句：

> 我属于你，全属于你，我的祖国；
> 我的这颗心，我的这个灵魂；
> 倘若我不爱你，
> 我能爱哪一个人？

裴多菲在诗作中展现出来的爱国者思想，还在颂扬先辈业绩与光荣传统中得到延伸和充实。在1844年写成的《埃格尔的钟声》《告别1844年》等诗中，诗人号召人民学习、发扬先辈抗击土耳其奥斯曼军队入侵的英勇事迹，以及奋不顾身与敌人血战到底的英雄们的大无畏爱国主义精神。

裴多菲热爱人民，甘心情愿向祖国奉献出一颗赤诚之心，希望祖国人民繁荣富强，安居乐业。不过，他又不得不面对生活现实——封建落后、愚昧，人民大众生活贫穷无助，以及因之产生的种种社会生活弊端。诗人意识到，封建贵族要对这一切负责，他们已经堕落成先辈的不肖子孙，是只会夸夸其谈、饱食终日、躺在祖先光荣簿上的寄生虫。这时期诗人创作了《贵族》（1844）一诗，揭露、谴责那些祖先不肖子孙的种种丑态，最后，诗人指出：

> 现在，不是把他捆在鞭刑柱上，
> 而是需要把他吊上绞刑架。

在1844年创作的《反对国王》一诗里，诗人立场坚定，矛头直接指向贵族阶级、封建制度的总代表——国王，嘲笑国王只不过是人民幼年时代的木偶，人民一旦成长、觉醒，必然会把国王从宝座上赶下去：

> 我们要用他们的血写在天幕上；
> 世界已不是小孩，人民已经成长。

由此可见，这一时期诗人的思想发展已经迈上一个新的台阶，表明反对封建制度的政治立场。

1846年，裴多菲创作了《云》诗组，表明他的思想一度陷入低谷：一方面，现实的封建势力还相当强大，革命先进力量尚显软弱；另一方面，他还要承受保守派对他的诗歌创作的攻击，这些都是他此时思想上产生迷茫、失落和苦闷的原因。在《云》诗组的短诗里，诗人此时的思想情绪得到强烈展示，短诗《记忆呀……》一诗把记忆比作破船碎片，被巨浪推上海岸；《悲哀，是大海》一诗将悲哀比作大海般深广；《真理，你醒着啦？》一诗诘问真理为何得不到伸张、展示。的确，《云》诗组真实地反映了诗人此时的孤寂和哀愁；但是，诗人并不因此沉寂，诗中还是发出一股强烈的抗争力量，要摧毁这不公正的世界。在资产阶级革命的准备阶段，出于对贵族自由派软弱不满而产生的失望，并未让诗人陷入绝望，可贵之处是，诗人发自内心的强烈反抗意识，不久后终于使他得以克服《云》诗组表现出来的消极情绪，迈开大步勇敢地朝着正确的道路继续前行。

出身平民阶层的诗人裴多菲，其思想立场从一开始就与愚昧落后的封建贵族制度格格不入，而当他接触到当时正在匈牙利传播的资产阶级民主自由思想，其内心的反抗性就自然同社会先进思潮相结合，形成一股不可阻挡的力量，催发他的诗歌创作迈向新高度，展现革命思想。从诗人在1846年3月发表《致瓦罗迪·安托尔》一诗开始，至1848年3月15日革命前夜，是他思想发展与诗歌创作的新高潮。在这期间，诗人创作出了一系列重要诗篇，如《我的歌》《人民》《我爱……》《镣铐》《我梦想着流血的日子》《一个念头在袭扰着我》等等，这些具有鲜明政治性质的诗作，真实地体现出裴多菲的革命思想倾向，那就是反对封建主义制度，要求民主自由的政治立场。《我的歌》《人民》《镣铐》揭示了现实社会存在的种种不合理性，其根源正是在于封建贵族统治，因而要取得人民的自由解放，必须申明人民觉醒之时，就要从统治者手中夺回原来属于人民的一切。在此基础上，诗人在《夜莺与云雀》一诗中要求云雀为黎明——未来歌唱；在《我爱……》一诗里就未来的内核宣示：主要思想就是自由，为了渴望的自由，诗人不惜奉献出自己所有。在诗里，诗人吐露赤诚心怀：

> 我爱的是一位女神——
> 一位被放逐的女神：自由。

为了追求女神——自由，诗人甚至不惜奉献头颅。与此同时，要把封建主义制度——旧世界逐出政治舞台，一场流血战斗是不可避免的；为了创立未来公平、正义的新世界，诗人甘愿在战斗中献出自身的热血。在《我梦想着流血的日子》一诗里，他说：

> 我梦想着流血的日子，
> 那时将把旧世界摧毁，
> 然后在旧世界的废墟上，
> 建立起一个崭新的世界。

在《一个念头在袭扰着我》一诗里，诗人昭示：在新旧社会的转换中，为自由而战的牺牲者，其英雄行为将被永远赞颂，他们将在共和国坟墓里安息！

以上诗作的出现，表明裴多菲思想发展进一步深化，突出诗人在为人民大众自由斗争中的立场和任务，诗歌创作不应当仅为个人情感宣泄，而必须涵盖强烈的时代思想内容，才具有重大意义，诗人必须肩负起历史时代重任。在《致十九世纪的诗人》一诗中，裴多菲明确宣告：

> 任何人都不要轻易地
> 拨动他的琴弦！

诗人必须要像摩西那样，带领以色列人，走向迦南。

此时，裴多菲不但在言辞上，而且在思想上做好准备。在1847年1月发表的短诗《自由、爱情》中，毫无隐晦地阐释诗人——革命者的胸襟，爱情、生命两者同样重要，为了前者，可以牺牲后者；但自由更为重要，为此不惜付出爱情和生命的代价。这首短诗展示了诗人高贵的思想境界，说明他已经做好准备，为民族、国家未来美好的前途命运，勇敢地走进即将来临的革命大风暴中去，践行一位真正的诗人——革命者的行动与责任。

1847年，裴多菲继续创作出体现其激进革命思想的诗篇。《波图·帕尔先生》一诗真实刻画出落后贵族的丑态。《以人民的名义》一诗要求将被贵族窃取的权利归还人民，不然人民就要动用武力夺取。在《斗争是……》《衣衫褴褛的勇士》《宝剑与铁链》等诗里，诗人号召人民摒弃幻想，要踏踏实实地去奋斗，在战斗中视死如归。在思想上明确了革命民主主义政治方向，满怀爱国主义激情，诗人裴多菲自觉、坚定地要求通过革命行动去打破落后愚昧的匈牙利封建贵族制度，建立起符合历史发展进程的新的秩序、新的社会制度。

19世纪四十年代末，欧洲资产阶级革命运动风起云涌，在匈牙利也掀起了一场轰轰烈烈、震惊欧洲的1848—1849年革命，其终极目的是反对封建主义、反对外来控制与侵略，争取国家、民族独立、民主与自由。在这场关系到民族、国家存亡的伟大革命斗争中，作为政治思想日臻成熟的诗人，裴多菲就以民族民主革命者形象，出现在人民大众面前，他这个时期创作的诗歌，不但体现出他的理想与现实要求，也是革命运动的全面、真实记录。

1848年年初，作为具有高度政治敏感的诗人，裴多菲就预感到一场席卷包括匈牙利在内的欧洲革命风暴即将来临。革命思想的冲动在他创作的《你在做什么，你在缝什么？》一诗中表达出来了，他要求妻子为他缝一面旗帜，做好参加革命斗争的准备。

诗人预感到革命即将来临；因此，当1848年1月意大利、2月巴黎、3月维也纳相继发生革命起义消息，传到布达佩斯时，他满怀喜悦，欢呼：

> 来了，这一伟大，美丽的时刻到了，
> 我们希望迎着它飞奔而去。

除了《意大利》一诗，裴多菲还写下《一八四八年》《强劲的风吹着……》等诗，鼓励匈牙利人民在即将获得自由的时刻，以高昂的气概奋勇前进。

果然，在裴多菲日夜憧憬的革命到来之际，他全身心投入这场伟大的自由革命斗争中去，以实际行动表明其真正革命者的坚定立场。3月15日，在以裴多菲为首的左翼激进组织"青年匈牙利"的发动下，爆发了著名的佩斯起义，明确提出言论、出版自由，民族独立等12条在内的资产阶级民族民主革命纲领。

3月15日，在这永远记载于匈牙利人民史册的伟大转折时刻，裴多菲勇敢地站在万人集会的民族博物馆高高的台阶上，高声朗诵他创作的《民族之歌》，宣布：

> 站起来吧，匈牙利人，祖国在召唤！
> 时刻到了，就是现在，或者永不！
> ……
> 我们宣誓，我们
> 再不做奴隶！

这首点燃匈牙利人民革命烈火、被誉为匈牙利"马赛曲"的诗篇，凝注了诗人的全部心思，体现出革命者的最崇高的思想境界。此后每当3月15日民族节必是大众朗诵的诗作。

集诗人与革命者于一身，裴多菲清醒地意识到，革命要取得成功，必须经受严酷的斗争。在这革命斗争最激烈的时期，裴多菲创作出最重要的诗篇，既表明作者最明确的思想原则和诉求，也是对这场斗争最真实的记录。裴多菲是彻底反封建主义制度的斗士，在《给贵族老爷们》《致国王们》《这里是我的箭，我射向哪里？》《把国王们统统吊死》等诗中，鼓舞人民群众起来战斗，彻底埋葬封建主义制度。在当时的历史条件下，反对封建专制统治，追求建立资产阶级共和制，无疑具有划时代的重大意义，体现出无畏的革命勇气。

裴多菲密切关注着革命的进程。当哈布斯堡王室玩弄两面派手法，阴谋反对革命；当欧洲其他地区革命已经被镇压下去，只有匈牙利仍然孤军奋战，革命处于低潮之时，妥协声浪泛起。此时，具有高度政治敏感的诗人，写出了《欧洲平静了，又平静了……》《又在说了，而且光在说》等诗，要求人们提高警惕性，揭露敌人的阴谋诡计，把革命进行到底。

在《匈牙利人民》《致民族》两诗中，诗人就告诫刚刚获得自由的人们，不要麻痹、放松警惕，要时刻保持清醒头脑，既要反对外来的敌人，也要揭露那些内部的妥协分子，因为他们会使人们丧失意志力，会给革命带来危害，因此，诗人宣示：

> 现在，我放下七弦琴，……跑上钟楼，
> 去敲响那危急的警钟。

那么，裴多菲要求将革命向前发展，追求的终极目标是什么呢？在《致国民代表会议》和《共和国》两首诗里，直接宣示出他的思想原则和政治主张：

> 必须创建一个祖国，
> 比旧的更美好、更牢固的
> 崭新的祖国……

而建立的国家就是：

> 共和国，自由的孩子，
> 自由的母亲，世界的施恩者。

诗人骄傲地宣布："我是共和主义者，在地下，在棺材里，也是共和主义者！"

共和国，建立在源自法国大革命的自由、平等、博爱思想原则基础上的共和制度，是裴多菲追求的最高理想，一旦受到敌人威胁，他必将挺身直接投入战斗。

反动的封建势力绝不会自动退出历史舞台。奥地利哈布斯堡王室终于露出真面目，勾结俄国沙皇，出兵进攻匈牙利。在最后关键时刻，裴多菲为保卫革命果实，怀着对祖国崇高的爱和对革命的高度责任感，积极投身到这场革命战争洪流中去。在短短时间里，裴多菲创作了许多高亢、鼓舞士气的战斗诗篇。在《我又听到云雀在歌唱》一诗中，裴多菲直接宣称：

> 我不仅是个杀人的工具、士兵，
> 同时我还是一位诗人。

裴多菲以一位普通士兵身份投入战斗的同时，继续进行创作，在《作战》《埃尔代伊的军队》等战斗诗篇中，鼓舞战士们勇敢作战，讴歌国际主义者贝姆领导的军队的英勇无畏，赞扬波兰和匈牙利两国人民的战斗友谊，为了砸断套在身上的枷锁而共同奋战：

> 受人嘲笑、摆布的祖国啊，
> 我们宣誓：一定要把镣铐粉碎！

裴多菲在战斗的最后关头，创作《起来，投身神圣的战争》一诗再次宣称：

> ……我不是为我自己，
> 我是为了我的祖国而投入战斗。

就这样，为实现崇高理想，为国家、民族独立解放、自由民主，革命爱国诗人裴多菲在生命最后一刻，仍然运用手中的笔，创作出真正动人心扉的诗篇。

## 四　艺术特色

　　裴多菲的诗歌创作内容意蕴深邃，思想境界崇高，不愧为引领匈牙利19世纪文坛先河的代表诗人，与此同时，他的诗歌创作在艺术形式方面与同时代的诗人不同，充分显示出自己独特、鲜明的艺术风格。综观裴多菲的诗歌创作表现形式，大致可以划分为三种：第一，爱情诗；第二，政治抒情诗；第三，长篇叙事诗。

　　其一，具体分析爱情诗。裴多菲创作的爱情诗又可以分为早期爱情诗和后期爱情诗。早期爱情诗包括民歌体爱情诗、《艾德特尔卡坟头上的柏叶》诗组、《爱情珍珠》诗组以及同期创作的其他爱情诗篇。这时期创作的爱情诗包含两种艺术形式：描写普通人生活的爱情诗和反映个人思想情感的爱情诗。诗人在吸收、借鉴民歌艺术表现形式基础上，逐步形成自己的艺术风格。

　　民歌体爱情诗是裴多菲创作的最具个人艺术风格的诗篇。匈牙利民歌十分丰富，内容健康，形式多样，具有很强生命力。裴多菲从一开始走上诗坛，就自觉学习、吸收民歌精华，充实自己的诗歌创作，尤其是在他早期的爱情诗中表现得非常突出。

　　借用自然景色衬托，象征恋人之间爱慕和忠贞，是匈牙利民歌常见的表现手法；这些艺术特点在裴多菲的早期爱情诗中多有所见，例如提到过的《谷子成熟了……》《我转身走进厨房……》等诗篇就是如此；不过，并非一味模仿，而是诗人刻意的艺术提炼，便显得更具艺术魅力，丰富而又贴切。

　　在匈牙利民歌中常见的对比艺术形式，在《我愿意是树，倘若……》《这个世界是那样巨大……》等诗里得到运用，产生生动的艺术效果。前一首诗表现出恋人之间的亲密关系：

　　　　我愿意是树，你倘若是树上的花朵；

> 你倘若是晨露，我愿意是花朵，
> 我愿意是晨露，你倘若是阳光……
> 如此这般，我们就能彼此在一起。

后一首诗也运用同样的表现形式赞美爱情的力量：

> 这个世界是那样巨大，
> 我的鸽子，你是那样娇小；
> 但是，倘若我能够拥有你，
> 为了这个世界，我也不出让你。

对比贴切、形象、生动，产生了巨大的艺术效果，正是诗人创作的民歌体爱情诗篇的精华。

另外，在《一百个形象中》一诗中，诗人发挥了无比丰富的想象力，营造鲜活美好的景象。运用民歌中常见的叙事咏物艺术形式来表达爱情真挚感，如《论价》《牛车》等诗作，说明诗人在学习民歌上已经迈上运用自如、推陈出新的高度。

如果说裴多菲创作的民歌体爱情诗泛泛谈论爱情，风格自然、亲切、平易，较为大众化；那么，这个时期创作的针对具体对象的爱情诗，则又表现出更具个性的艺术风格，这在《艾德特尔卡坟头上的柏叶》诗组和《爱情珍珠》诗组里体现出来。

《艾德特尔卡坟头上的柏叶》诗组是诗人哀悼钟爱少女早逝的爱情诗，从相识赠诗写到突闻噩耗的哀恸，表达出发自内心深处纯真的爱恋。诗组由短篇诗作组成，自成体系，运用简洁语句，真诚表露情感，坦诚、热烈、真挚，显示出裴多菲极具个性的艺术风格。

开始，诗人默默地爱恋上少女，在《致艾德特尔卡》一诗中，对她说：

> 我的天使，你曾否看见
> 多瑙河与河中央的那个小岛？
> 我就把你的音容笑貌，
> 想象着纳入我的心田。

这般美好温情的艺术叙说，如同清凉的泉水沁人肺腑。

意外的是，他们相识不足一个月，少女突然病逝，愉悦变成哀伤。诗人又为少女写下了许多短诗。在《哎哟，敲响了悲哀的丧钟》一诗将少女之死比作过早凋谢的玫瑰，表示要永远相伴：

> 难道你已经逝去？
> 是悲愁把你杀害？
> 啊，尽管凋谢了，
> 我又怎能离开这最美丽的玫瑰。

在这诗组的系列诗篇中，诗人诉说与恋人永别之痛，用热泪融化少女坟头的积雪，免使亲爱的人受饥挨冻：

> 白雪，是大地冬天的面纱，
> ……
> 但就在这里，
> 也不是阳光，
> 而是我眼睛不住流淌的泪水
> 把白雪消融。

裴多菲在《艾德特尔卡坟头上的柏叶》诗组里，动用了小岛、绿叶、旋涡、心窝、花卉、冬雪、阳光、天上、人间等艺术意象，抒发对恋人的爱慕与思念，情感真挚、坦诚，健康而不消沉。这一由短诗组成的爱情诗组，从思想内容到艺术表现形式，都显示出诗人鲜明的艺术才华和个性，自成体系，是他创作的重要爱情诗诗组之一。

继《艾德特尔卡坟头上的柏叶》诗组之后，裴多菲又创作出了《爱情珍珠》诗组。如果说前者诉说的是一位初涉爱河的恋人情感；那么，后者则表现出一位成年男子成熟的炽热情感与理想追求。在《爱情珍珠》诗组的创作中，诗人同样运用了形象鲜明、对比艺术表述手段，同时，将诗作中的爱情自然熟练地同自己的理想追求联系在一起，使得诗作更加充实、突出和丰满。成功的诗篇如《矮小的房子》《诗人的心房是座花园》等等。在《献给我的花束》一诗中，诗人就巧妙地把爱情同祖国很好地联系在一起，说道：

> 你献给我的花束，
> 上面绑着三色绸带，
> 你喜爱我们祖国的颜色，
> 姑娘，因为你喜爱祖国。

诗人表示：

> 让我也送给你三种颜色：
> 绿色带去我的希望，
> 白色是我苍白的脸颊，
> 红色捎去的是我滴血的一颗心。

在《我与太阳》一诗中，诗人借用艺术的构思，将姑娘比作自己追求的太阳，愿意与姑娘结成忠诚的情侣，说道：

> 谁能说清楚，究竟是太阳给我温暖，
> 还是我的心给太阳的力量？

裴多菲早期的爱情诗虽然表达的是个人思想情感，却已逐渐突破个人情感局限，表达具有社会思想主题——祖国与自由的内容。在《倘若上帝……》一诗中，诗人将自己比作战斗中的勇士，说道：

> 倘若此时我从马背上倒下，
> 一个吻将把我的嘴唇堵上，
> 而你的吻，你美好的自由啊，
> 你就是上苍最真实的赞扬！

诗人使用诗歌创作独有的艺术表现手法，把爱情、姑娘的吻、战斗、祖国与自由和谐地连接在一起，创作出一首首美丽、神圣的诗篇。这类具有社会思想内容的爱情诗，内涵和意蕴更加深厚，为他后期的爱情诗创作奠定基础。

裴多菲创作的后期爱情诗是围绕尤丽娅为中心的《尤丽娅爱情诗》诗组。这些诗篇生动、忠实地描绘了诗人同尤丽娅之间的爱情萌发、发展、结婚、婚后幸福家庭生活图景，展示诗人思想逐步成熟的脉络，很好地处理爱情、家庭幸福生活与祖国、自由和革命事业之间的关系。

一开始，诗人对尤丽娅的追求，就表达出炽热、忠诚与恳切。在《云层在下降着……》一诗中，就形象地把自己比作夜莺美妙的歌喉，虔诚地为姑娘歌唱：

> 褐发姑娘啊，倘若你还没有睡着，
> 那么你就听一听这鸟儿的歌声吧；

> 这鸟儿是我的爱情，
> 是我叹息的灵魂。

当诗人获得恋人的芳心，终于摆脱一切传统陋习和人为设置障碍，准备结合时，奏出的是欢乐的歌声。这时，诗人写出了《我过去的爱情是什么？》《我愿意是溪流……》《树林里有鸟儿》《给我亲爱的人回信》等诗篇，透露出一派欢乐的气氛。在《我愿意是溪流……》中，诗人借用大自然中各种彼此依附的事物，如溪流、小鱼、山林、小鸟、山岩、青藤等，形象地描绘了恋人亲密无间的关系。

婚后度蜜月期间，诗人创作了更多成熟的爱情诗，一类是抒发对妻子忠贞不渝的爱和燕尔新婚的甜蜜感受。《一次，就给我十双吻吧……》写出婚后情感的炽烈：

> 一次，就给我十双吻吧，
> 还要是最甜蜜的吻！
> 得再添一点儿，
> 妻子啊，
> 这对于我，
> 还不满足。

《最好的妻子》一诗中，诗人写出了伉俪间的无限深情：

> 我们现在是多么的幸福，
> 对吗？尤丽什卡，我的灵魂，
> 我们不必要等到死亡，
> 就欢悦地飞向天堂。

裴多菲在享受着爱情、婚姻带来的家庭幸福感之时，并没有忘记最高思想准则的追求。爱情与自由、个人生活与革命事业真正成为诗人后期爱情诗的主要内容，它们融合成一个有机整体，思想性与艺术性高度融合，显示出这类诗篇的又一特色。具有代表性的诗篇有：《悲凉的秋风在跟树林交谈》《九月末》《你在做什么，你在缝什么？》《城堡下有座毁坏了的园子》《离别》等等。《悲凉的秋风在跟树林交谈》描绘出一幅奇异的画面：

>  我这一只手感到她那温顺、
>  起伏的胸脯，
>  我另一只手里是我的祈祷书，那是
>  自由战争的历史！

诗的最后，是诗人憧憬即将出现的图景：

>  在我面前飘荡着流血的场景，
>  那是未来时代的景象，
>  自由的敌人必将在
>  他们自己的血海中沉没……

在《离别》一诗中，诗人告别妻子，准备走向自由斗争战场，因为"我从前是诗人，现在是战士"，与此同时，他向妻子保证：

>  我把忠诚的爱情带回，
>  就如同走时的一模一样。

随着裴多菲政治思想进一步走向成熟，《尤丽娅爱情诗》诗组的思想深度、艺术表现力度都说明诗人的爱情诗篇已达到新的高度，具有珍贵的价值，成为世界诗坛的奇葩。

其二，政治抒情诗。这是裴多菲创作的特有的诗歌艺术形式，它将诗人的政治观点、思想原则与诗歌情感表现很好地融合起来，产生出具有深度的艺术魅力。

裴多菲出身平民家庭，他创作的诗歌从一开始就具有反对愚昧、落后的封建主义制度性质。随着诗人的思想发展，其诗歌内容和艺术表现形式也随之向深层次推进。1844—1846年创作的政治抒情诗，主要包括爱国主义思想诗篇和反对贵族特权诗篇，可称之为早期政治抒情诗。

在匈牙利历史上，贵族阶级在反对外来侵略、捍卫国家独立方面曾起过重大作用，但到了19世纪，匈牙利贵族阶级，尤其是大贵族地主阶级，对外依附于奥地利哈布斯堡王室，对内压榨、剥削劳动人民，实际上已经失去其历史作用，沦为人民和时代前进的绊脚石。裴多菲在现实生活中深切意识到，贵族阶级已成为劳动人民遭受苦难和祖国独立自由事业受到阻碍的主要因素。因此，爱国和反对贵族阶级特权就成为这一时期诗作的主调。

在《爱国者之歌》一诗中，诗人就运用高亢的声音深情地抒发自己的忠诚爱国情怀：

> 我属于你，全属于你，
> 我的祖国！
> 我的这颗心，
> 我的这个灵魂。

对于诗人，祖国是神圣不可侵犯的，是心中圣坛：

> 我的胸膛深处是座教堂，
> 你是教堂里的圣坛，

>　　为了保持你的形象，必要时，
>　　我愿意毁掉这座教堂。

即便牺牲在即，也要祝福祖国：

>　　我的上帝，祝福它，
>　　我的祖国！

　　全诗使用普通的语言，表达出诗人对祖国最赤诚的思想情感；朴素无华的艺术形式，产生了无比的感染力。爱国主义思想情怀，贯穿在诗人创作的全部政治抒情诗之中。

　　反对享有特权的贵族阶级，是裴多菲创作的政治抒情诗又一中心主题，运用的又是一种不同的表现形式。这期间创作的一系列重要诗篇，如《贵族》《致住在国外的匈牙利人》《帕尔大叔》《反对国王》等，攻击矛头对准整个大贵族地主阶级，在当时诗坛上引起极大震动。《贵族》一诗中对那些自以为不可一世、享有特权的贵族大加鞭挞，要求将这帮干尽坏事的家伙送上绞刑架。《匈牙利贵族》一诗，毫不留情地揭露那些享有"贵人"身份的人，实际上只是一帮饱食终日、一无所能的寄生虫。全诗运用挖苦、讽刺、嘲笑手法，揭露一无所能的"贵人"的种种丑态。在《反对国王》一诗中，诗人更进一步深化反封建主义思想主题，同时表达出共和民主思想；赞扬法国 1789 年革命是一次伟大壮举：

>　　（国王）没有别的选择。
>　　在巴黎的广场，斧头将路易脑袋砍下，
>　　这是暴风雨的第一道闪电，
>　　不久，它将向你们袭去，
>　　是的，眼看它就要到来，

> 我已经不是第一次雷鸣！

裴多菲表达的共和民主思想，既指向匈牙利封建主义制度，也针对整个欧洲封建制度，预言一场反对封建主义制度的资产阶级革命即将来临：

> 那时候，全世界将成为一座巨大的森林，
> 国王们就是森林里的野兽，
> 我们会拿着武器追逐它们。

与表现爱国主义思想为主要内容，采用深情、语言高洁的艺术手法不同，在揭露贵族阶级愚昧、落后，反对封建主义制度的政治抒情诗里，裴多菲运用的又是另一种描写手段：无情揭露，大胆、高调批判、嘲笑、挖苦，总之，读者从中感受到不同的声调。不过，根据不同思想主题，运用不同的表现手法，达到内容与形式的统一融合，在以上两种的政治抒情诗中得到很好体现，也展现了诗人的艺术创作才华，表明了诗人思想的深入发展。

1846年，裴多菲创作了《云》诗组，基本上由短诗组成，包括《光荣是什么？》《真理，你睡着啦？》《记忆！》等。出于各种原因，诗中表露出当时诗人的一些感受：哀愁、困惑和失望；当然不是绝望，所以诗中又同时透露出一种强烈不满现状、绝不屈服，继续前行的思想。主题思想与艺术手法的统一，是裴多菲政治抒情诗的最大特色，这在《云》诗组的另一类诗篇中再次得到证实，也说明政治抒情诗艺术表现的多样性和完整性。果然，在突破《云》诗组的局限性之后，裴多菲写出了更多更好关切现实生活的政治抒情诗，如《我的歌》《人民》《我梦想着流血的日子》《永不消逝的灵魂》等诗篇，提出"人民权利"问题，明确表明"哪里有权利，哪里才有祖国"。表示强烈"追求自由女神"

的愿望，显示出诗人的胆识、无畏精神和追求人民解放、祖国独立自由的决心。这些政治抒情诗诗风纯正、语言简明意赅，具有很强的思想性和艺术表现力。

1847年，裴多菲的政治抒情诗创作进入第二阶段。这时期的诗作展现出诗人从平民崇高思想出发，迈向自觉的革命诗人的高度。在《宫殿与草屋》《致十九世纪的诗人》诗篇里，裴多菲申明，诗人在现实斗争中不做旁观者，要肩负责任，同人民一起战斗。在《致十九世纪的诗人》一诗里，他明确指出在为自由的斗争中，诗人与现实斗争的关系：

倘若除了你自己的悲痛与欢乐，
你再不会歌唱别的，
那么，这个世界并不需要你，
因此，你不如将神圣的琴推开。

作为一位自觉的民主主义战士，须要明确责任，做好迎接即将来临的革命风暴的思想准备。

在1848—1849年匈牙利资产阶级民族民主革命中，裴多菲全程参与，并创作出一系列政治抒情诗篇，就如同乐团的首席小提琴手，演奏出完美的乐章，反映革命的全部过程。1848年3月15日佩斯起义，他创作了《民族之歌》《大海沸腾了》《强劲的风吹着……》等诗篇，欢呼革命暴风雨的出现，鼓舞人民继续推进革命，在《强劲的风吹着……》一诗中，诗人说：

强劲的风吹着，火星喷出了火焰，
你们必须留心你们的屋顶，
倘若等到太阳从山顶落下去，
我们从头到脚就得站立在大火之中。

10月，当革命出现妥协，甚至倒退的势头时，他又写出了许多坚决反对的诗篇，指出这是怯懦、背叛行为，革命不能半途而废。这时，他写出了《匈牙利人民》《我们又在说了，仅仅在说》《致魏勒什马尔蒂》等诗篇，表明自己的坚定原则立场。他在《致民族》一诗中发出号召：

> 起来，我的祖国！起来，我的民族！
> 匈牙利人民！迅速奔赴战场，
> 如同闪电那样，以出乎意料的
> 巨大力量，去打击你的敌人。

总之，这一阶段出现的政治抒情诗，题材多样，内容丰富，贴近现实斗争生活，保持一贯的明快、有力的诗风，奏出最完美的音符，无疑是裴多菲政治抒情诗篇最为成熟、堪称最高成就的诗作。

1848年冬，匈牙利投入了一场反对外敌入侵、保卫革命果实和祖国独立自由的斗争，它们也成为裴多菲政治诗篇创作第三阶段的主题。在诸如《致塞克伊人》《生与死》《请向士兵们致敬》《年迈的擎旗手》等诗中，诗人呼唤民族良知，呼唤人民发扬先辈光荣斗争传统，投入一场"从喀尔巴阡山到多瑙河下游"的战斗：

> 起来，进行伟大的神圣的斗争；
> 起来，进行最后时刻的审判！

在《年迈的擎旗手》一诗中裴多菲塑造一位感人至深的老旗手形象：

> "这位年迈的擎旗手是谁？

他竟然具有那火一般的激情，
我骄傲地注视着他，
这位老人就是我的父亲！"

在祖国危难时刻，老人毅然迈出家门，高举战旗，带领青年战士奋勇前进。裴多菲同父亲一起奔赴战场，为民族、国家的独立、自由而战。

直至1849年6月底，裴多菲亲身投入这场生死搏斗之时，又用笔写出了一系列激动人心的政治诗篇，如《战斗之歌》《大炮，轰鸣了四天》《作战》《埃尔代伊的军队》《轻骑兵》《起来，投身神圣的战争》《死亡来到了》等等。在这些诗篇中，裴多菲动用了一切感动人们心扉的语言、短句、叠句，渲染、烘托出强烈的气氛，无疑是一首首最完美的进行曲，威严、勇武、悲壮。在火与血的洗礼中，裴多菲极其熟练地运用匈牙利优秀诗歌传统特有、人民大众熟悉和喜爱的韵律，写出了他一生中最好的政治抒情诗篇，诗风飒爽、大气如虹，彰显诗人为祖国独立自由奋不顾身的精神和高大英姿。

其三，长篇叙事诗。裴多菲一生共创作了三部长篇叙事诗，即《农村大锤》《亚诺什勇士》和《使徒》。它们选择的题材不同，叙述的内容也不同，采用的艺术形式各异。但是，它们在思想性和艺术性方面都取得了成功，是裴多菲创作的诗歌重要、不可或缺的组成部分，在当时文坛上曾被誉为"革命诗歌"的壮举。

《农村大锤》这首长篇叙事诗的副标题是"由四首长歌组成的英雄乐章"。事实是，这部由四个诗章组成，共有一千二百多行的长诗并非英雄乐章，而是不折不扣的讽刺诗。长诗描写发生在农村的一桩普通故事：在一家酒店里，乡村牧师、敲钟人、铁匠、农民等，为了取悦酒店老板娘，所谓的风情美人，竟相互谩骂、打架斗殴。这种在农村里见怪不怪的小题材，诗人却故意在艺术形式上模仿英雄史诗，加以详细描写。实际上，诗人虽然在形式上仿照史诗形式，却一反史诗必须以重大题材为内容的写法，描绘的却是最普通的日常生活故事，借以嘲讽当时文坛流行的以贵族地主阶级趣味为准的英雄美人故事，在语言应用上，采用简洁、大众口语反讽贵族地主阶级追求的华丽辞藻掩盖下的庸俗不堪，从内容到形式反对当时诗坛上的陈旧、腐朽风气。

《亚诺什勇士》是裴多菲创作的最重要作品，它标志着诗人在思想和艺术功力上的飞跃。《亚诺什勇士》里的男主人公代表正在觉醒的人民大众，预示一场反对封建主义专制的革命将在匈牙利出现。在艺术性方面，它的创作成功，表明诗人有能力驾驭故事情节，刻画人物性格，以及很好地运用大众化语言。

《亚诺什勇士》共有二十七个段落，一千四百八十行。它的题材来自民间传说，描写一对青年男女悲欢离合的爱情故事。传说中的男主人公是一位深受人民大众喜爱的英雄。裴多菲在长诗中着力刻画男主人公勇敢、智慧、忠诚、正直，对爱情忠贞不渝，与人民群众血肉相连。他作战勇猛，打败土耳其人，救出公主，获得法兰西国王赐予的"亚诺什勇士"称号。不过，他却拒绝国王许配公主、让位给他的美意，向国王诉说不谋求权势和忠贞于爱情的誓言，表现出令人敬重的高尚品德。

之后，亚诺什便又奔赴寻找情人伊露什卡的艰辛之路。在这过程中，他运用智谋降伏了巨人国的巨人，渡过寓言洋，在仙人岛上杀死守卫三重大门的熊、狮子和大龙，进入仙人岛，把玫瑰花投入生死泉，救活伊露什卡。最后，他们在众仙女起舞围绕下成为仙人国国王和王后。在人间得不到结合的一对情人，终于在神话般的乐土寻觅到幸福、美好的归宿。

《亚诺什勇士》由现实与非现实两部分组成：前半部分运用现实主义手法艺术再现现实生活场景，后半部分充满浓厚浪漫主义色彩，大团圆结局如童话般传奇，寄托人民大众的美好希望与理想。可以说，《亚诺什勇士》是裴多菲采用民间传说（传奇）进行再创作叙事长诗的一部成功范例。

《使徒》（1848）是裴多菲创作的第三部长篇叙事诗。与《亚诺什勇士》采用四节韵律诗体不同，《使徒》运用的是较为自由的叙述诗体。前者描写的是富于民间传奇色彩的英雄人物，后者刻画的则是现实生活中的革命者。前者的主人公在仙人岛找到幸福，以大团圆为结局，而革命者在现实生活中的命运却以悲剧结束。这就是这两部长诗之间的不同。《使徒》宣扬的是反对封建专制，反对教会，主张民主、共和、世界自由的思想，是通过叙述革命者西尔维斯泰尔一生事迹体现出来的。作者赞美他：

你是一盏明灯，给别人带来光明；
你就这样耗尽自己的一生。

《使徒》主人公一生经历了四个阶段同封建恶势力的斗争：反抗老爷出走；学习结束当上村公证人，宣传、教育群众，遭地主老爷和神父联合逐出村里；进城从事写作，反对暴政，被投入狱；刑满出狱后暗杀国王。在作者笔下，主人公具有热爱人民大众，仇视敌人，坚定、果断、勇敢和勇于自我牺牲的品格；坚信人民力量，坚信为人类进步与自由进行的斗争终将获得胜利。主人公悲剧的根源在于脱离群众，得不到大众支持，最终走向失败。裴多菲正是通过塑造这一人物形象，提醒革命者必须长期在群众中做启蒙教育工作，帮助他们从精神桎梏中解脱出来，才会成为不可战胜的革命力量，单纯靠个人行动企图改变不合理的现行制度，是难以真正改变历史进程的。

《使徒》从结构形式到语言应用都具有自己的特色。它是叙事诗，但其中又不乏抒情诗固有的激情叙述，跟环境、行动、心境、情绪变化融合得自然、流畅，表明诗人诗歌写作达到相当高的水平。

## 五　结束语

　　驰名世界诗坛的杰出诗人裴多菲，集爱国主义诗人和为国家、民族独立解放、民主、自由而斗争的英勇战士于一身，一百多年来，在诗人的祖国——匈牙利，他作为榜样所具有的影响力是十分巨大的，至今未衰。实际上，裴多菲不仅是匈牙利文学史上最重要的诗人之一，享有盛名，同时也在匈牙利历史上，特别是在1848—1849年革命斗争史册上英名永存。他的诗歌创作的创新精神，无论是思想内容或艺术形式方面，都极大地推动了匈牙利诗歌发展，其诗作亦成为经典，是1848—1849年自由革命斗争最真实的记录。在匈牙利人民为争取国家、民族独立解放、民主自由的伟大斗争中，裴多菲表现出来的勇于献身的革命爱国主义精神，昭示的正是意涵深邃、内容丰富的匈牙利民族精神特征，是最宝贵的民族精神宝藏。匈牙利人民接受他，崇敬他。裴多菲也因此成为匈牙利的一面旗帜和民族之魂。

　　毫无疑问，由于裴多菲在国家民族前途、社会进步及诗歌艺术创作等领域，作出了他作为真正爱国者和杰出诗人的巨大贡献，对后代产生了深远的影响。长期以来，在匈牙利，没有哪一场重要的社会政治运动、文学进步派别的形成发展不是跟裴多菲的名字紧密联系的。以诗歌创作领域为例，在20世纪初涌现的、以著名诗人奥第·安德烈（1877—1919）为代表的现代派（主义）文学，随后在20世纪三四十年代出现的，以无产阶级革命诗人尤若夫·阿蒂拉（1905—1937）为代表的无产阶级文学，都跟裴多菲的诗歌创作具有密切的传承关系，代表时代进步思想和文学艺术创作正确主流方向。因之，裴多菲、奥第、尤若夫三位诗人的创作就形成匈牙利文学的优良传统，继续对匈牙利当代文学（特别是诗歌）创作发展起着传导作用，使之沿着正确道路继续前进、繁荣。

　　裴多菲在他的祖国——匈牙利享有巨大声誉，产生了深远影响；与此同时，作为匈牙利民族最杰出的诗人，在域外也获得高度赞赏与尊敬，为祖国赢得荣誉。裴多菲创作的诗歌作品，先后已有多种语言文字翻译版本，几乎传遍世界各地，受到众多读者的喜爱。18、19世纪的欧洲，诗坛上大师辈出，歌德、席勒、海涅、拜伦、雪莱、涅克拉索夫、普希金、维克多·雨果、密茨凯维奇等伟大诗人的出现，在欧洲各国的诗坛上形成一个又一个高峰，他们的诗歌大放异彩，他们如同天空的璀璨星辰，明亮闪耀，裴多菲的名字就是跟他们同列在一起的。在世界文化史上，由于他们作出的无与伦比的巨大贡献而获得后人无限崇敬。他们创作的诗歌作品在世界诗歌百花园里相继绽放，各显风骚，永远受到人们的喜爱和赞颂。

　　本书目的在于试图通过对诗人诗歌创作各个时期的代表性诗篇的具体赏析，探索其人生道路、诗歌创作各阶段的特点，全面展示诗人终其一生的诗歌创作和革命人生活动所显现出来的革命爱国主义精神，以及诗歌创作中的艺术创新方面的贡献。同时希望推动裴多菲研究在学术领域进一步深入发展，获得更多成果。

# 第三部分

# 诗歌点评(共242首)

## 目　录

### 一八四二年

酒徒

两个流浪者

那又有何用，倘若犁头……

在多瑙河上

我的第一次表演

### 一八四三年

我

预言

秋天来临了

黎明，在雄鸡的啼鸣中醒来

远方寄语

谷子成熟了……

我转身走进厨房

爱情呀，爱情……

不能不让花儿不绽放

我不离开这儿……

## 一八四四年

爱国者之歌

我要说……

歌

贵族

脸色灰暗的士兵

冬末

我不知道该做什么……

埃格尔的钟声

徒然的计划

我在家的一个晚上

月亮世界沐浴在天空的海洋里……

我是不是在做梦？

在水上

是什么流过田野

这个世界是那样巨大

生与死

树上的樱桃上千颗……

我的爱情

我的爱情是咆哮的大海

致住在国外的匈牙利人

反对国王

阿尔弗勒德

晚上

大自然的野花

帕尔师傅

七弦琴与宝剑

致艾德特尔卡

在乔·艾（德特尔卡）小姐纪念册上的题词

在瓦·山（陀尔）夫人纪念册上的题词

## 一八四五年

我父亲和我的职业

花儿上的花瓣在凋落

为了你，我还有什么没做……

哎哟，敲响了悲哀的丧钟

你曾是我唯一的花朵

噢，大自然，你还在嘲笑……

星星从天空中坠落……

我们古老的土地

白雪，是大地冬天的面纱

天空多么蔚蓝

匈牙利

黑面包

哪儿有宽阔的平原

坟墓里安葬着

一百个形象

爱情的旗帜

矮小的房子

献给我的花束

我愿意是树，倘若……

我梦见了战争……

倘若上帝……

我做了个奇怪的梦

善良的酒店老主人

云朵与星星

诗人的心房是座花园

论价

在 M·E 小姐纪念册上的题词

我与太阳

在 S·K 纪念册上的题词

在 S·ZS 小姐纪念册上的题词

四头牛拉的大车

匈牙利贵族

诗人与葡萄采摘人

希望

## 一八四六年

我愿意离开这里

记忆！

大地呀！你吃的是什么……

悲伤？是大海

真理，你睡着啦？

我的歌

心冰冷了，倘若你不爱……

我爱……

人民

夜莺与云雀

镣铐

我们俩曾在外面的花园里……

你是我的黑发姑娘

我用爱情的玫瑰……

我是在恋爱……

云彩在飞驰……

云层在下降着……

你喜爱的是春天……

我梦想着流血的日子……

小树丛颤抖着，因为……

永不消逝的灵魂

让我烦恼的一个念头

## 一八四七年

自由，爱情！

我的一位朋友是青春

男人要有男人的模样

宫殿与茅屋

狗之歌

狼之歌

致十九世纪的诗人

致阿兰尼·亚诺什

我是匈牙利人

蒂萨河

云彩

风

以人民的名义

战争曾经是……

我为什么要想念她……

我过去的爱情是什么

牧童，脱下你的斗篷

光明

士兵的生活

审判

我的第一次誓言

鲜花

衣衫褴褛的勇士

倘若我想起我亲爱的……

火

我最美丽的诗篇

在矿井里

在莫伊特尼平原上

你是我的,我是你的

世界是多么地美好

残破的钟楼

我愿意是溪流

现在,我走在荒野上

又在嚷嚷什么?

你愿意到我身边来吗?

树林里有鸟儿

傍晚

在蒙卡茨城堡里

火热的中午

宝剑与锁链

给我亲爱的人回信

太阳西下,正是时候

被遗忘的旗帜

诗歌

村子尽头有间酒家

荷马与峨相

悲凉的秋风在跟树林交谈
九月末
我获得了一切
最后的鲜花
宁静的生活
坐马车与步行
我的祖国，你要睡到何时？
一次，就给我十双的吻
囚徒
乞丐的坟墓
你在赞扬，亲爱的……
我朝着外面观看
美丽的日出
在小山坡旁有丛玫瑰
波图·帕尔先生
早晨刚刚过去
夜
致匈牙利的政治家们
在宁静大海般的平原上
在火车上
对我微笑吧！
致愤怒

## 一八四八年

冬夜
最好的妻子
致阿扎尔扬·皮尔蒂亚尔
有没有哪一寸土地……

你在做什么，你在缝什么？

我爱你……

我该如何称呼你呢？

在半醒半睡之中

被囚禁的狮子

冬天里的草原

爱情的玫瑰树……

深谷与高山

意大利

我妈妈的母鸡

一八四八年

强劲的风吹着……

献给光荣的贵族老爷们

民族之歌

一八四八年，三月十五日

致自由

大海沸腾了

致国王们

现在，还有没有那样的青年

我们又在说了，仅仅在说……

国王和刽子手

拉科治

我的妻子和我的宝剑

致春天

倒下的铜像

黑红之歌

你为什么追随我

性懦的种类，渺小的灵魂。

起来！

我行走在路上，你没有伴随我……

故乡

匈牙利人民

致国民代表会议

让匈牙利人重新成为匈牙利人……

你们为什么挡住我的去路？

一年前的今天

仑克伊连队

共和国

三只鸟儿

致民族

革命

子弹在呼啸，军刀叮当响

小树丛向风暴致意

虔诚的诗人们，你们歌唱什么？

致塞克伊人

生与死

年迈的擎旗手

离别

你们是这个花园里的槐树

请向士兵们致敬！

1848

秋天又来到了这里

城堡下有座毁坏了的园子

这里是我的箭，我射向哪里？

战斗之歌

全世界都在战场上

把国王们统统绞死！

败仗，不体面的逃跑！

岁末

## 一八四九年

欧洲平静了，又重新平静了……

大炮，轰鸣了四天

在战场上

我又听到云雀在歌唱

谁人想过

塞克伊人

埃尔代伊的军队

悼念父母亲

死亡来到了

轻骑兵

起来，投身神圣的战争

可怕的时刻

# 一八四二年

## 酒　徒

一醉解千愁，
我的生命充满欢乐；
一醉解千愁，
命运呵，我嘲笑你的权力。

你用不着感到惊讶，
倘若我说我只向酒神祈祷；
我只有向他一人，
奉献上我的一颗心。

在酒兴的热烈欢快中，
冷酷的世界呵，我嘲笑你！
烦闷如洪水般向我涌来，
使我陷入无限痛苦之中。

只有酒让我弹奏出

骗人的欢快曲调；
只有酒让我忘怀
你们这些负心的姑娘。

倘若死神追逐着我，
那时我依然要喝酒；
再喝上一小口——，
我就欢笑着倒进你冰冷的胸怀，坟墓！

1842 年 4 月，巴波

**点评**：这是诗人在当时匈牙利著名大型杂志《雅典论坛》上公开发表的第一首诗，署名裴多菲·山陀尔。在后来的一些诗篇里，他也写到了酒，给人的印象是他是位豪饮的诗人。事实恰好相反。据他的挚友、匈牙利著名小说家约卡伊·莫尔（1825—1904）回忆，裴多菲是位最不善饮的人，虽说不是滴酒不沾，却从不豪饮，绝对不是酗酒之徒。

初涉文坛，便与众不同；随后，裴多菲即驰名诗坛。

## 两个流浪者

在祖国的土地上有位青年，
他同祖国土地上的溪流，
在高山峡谷中间，
一起在流浪着。

但当那位青年
迈出沮丧的脚步时,
溪流已经飞快地
从岩石上流过。

当那位青年
默默无语时,
溪流却唱出
欢乐的歌声。

山峦留在了身后,
青年与溪流,
在宽阔的平原上,
继续在流浪。

可是,青年与溪流呵!
在平原上,
又有什么东西能同你们
迅速地进行交换?

溪流的泡沫在沉默不语,
慢慢地消失了;
当那位青年的歌声,
飞快地滑过它们中间时。

当那沉默的溪流,
在他祖国土地上消失时;

那位青年响亮的歌声，
再次找到了他的祖国。

1842 年夏天，巴波

**点评**：与祖国同行，同命运，共呼吸，歌唱祖国，传达出年轻诗人的胸臆。

## 那又有何用，倘若犁头……

那又有何用，倘若犁头，
撕开了荒原，
如果不去播种，
那只是会荒草遍野。

哎，可爱的姑娘，
你的眼神深深印在我的心上，
如同犁头把
土地犁个遍。

但是，你徒然把土地犁开，
因为在里面播下的是愁苦；
你播下的是爱情，
长出的却是带刺的玫瑰。

1842 年夏天，巴波

**点评**：诗人渴望收获的是真正的爱情。

## 在多瑙河上

我的河流啊,你的胸膛多少次
被那飞快前进的航船和愤怒的暴风雨撕裂!

你胸膛的伤痕又长又深,
如同人们心里诉说不尽的苦难。

但是,如果暴风雨和航船过去了,
你的伤痕愈合了,你依然又恢复如初。

可是,倘若人的心房一旦被撕裂,
就不会有能够治愈伤口的香膏。

1842 年 8 月末,柯马罗姆

**点评**:人心受到伤害,那是最大的悲哀。

## 我的第一次表演

我当上了演员。
第一次扮演角色,
在舞台上,我第一次
露出了我的笑脸。

我得意扬扬地进行表演,

从心底里发出微笑；
啊，不知道是何缘故，
表演时我却失声痛哭。

1842 年 11 月，塞克什弗赫尔堡

**点评**：过分兴奋，以至失态。不过，裴多菲并没有圆当演员的梦，而是成为著名诗人。

**短评**：这几首短诗，透露出诗人与祖国同行，与大自然同呼吸、共命运的胸怀，以及个人事业的追求。

# 一八四三年

## 我

世界是上帝的花园,
人们啊,
你们是花园里的杂草和鲜花。
我,是这座花园里的一粒小小的种子,
倘若我牢牢扎下了根,
我就不会长出杂草。

我不会祈求命运的恩宠,
我要忍受命运落在我头上的
好,或者坏,
今天赐予,明天取走;
刚刚得到的,立刻就要交出;
它的个性特征;变化无常。

如同我出生的平原,
我胸中行为的大道是平坦、笔直的!

我的话语同感情是一致的，
为了达到目的，
不会犹豫不决地
去寻觅虚伪的词汇。

上苍通过我的心，
把宝贵的种子埋进大地，
那就是爱！
我要用树枝编织桂冠，
让谦逊在桂冠上盛开，
那就是对祖国的爱。

1843 年 3 月，克奇克梅蒂

**点评**：从一踏上诗坛，就表达出对祖国深深的爱，并贯穿诗人的一生，可谓真情实感。

# 预　言

"妈妈，你说天上的神仙，
在夜间用他的手描画我们的梦；
梦是一扇窗户，透过它，
我们心灵的眼睛看到未来。

妈妈，我也做了一个梦，
你能不能给我揭开它的谜底？
我在梦中长出了翅膀，飞向

高空，穿越无限的空间。"

"我的孩子，我心灵宝贵的太阳，
也是我的太阳的光辉！值得欣慰的是：
上帝将要延长你的生命，
这就是你的幸福的梦的秘密。"

这个孩子一天天长大了，
青春在他火热的胸中燃起火焰。
歌声是心中的慈悲的慰藉，
当波浪般的血液沸腾的时候。

这位青年的手拿起七弦琴，
他的七弦琴弹奏出他的胸臆。
这火热的感情如同鸟儿一般，
张开翅膀飞向四面八方。

这迷人的歌声飞向天空，
把著名的星星带到人间，
用它的光辉，
为诗人的额头编织一顶桂冠。

但是，歌儿的甜蜜却是毒药；
诗人在七弦琴上弹奏出来的歌，
是他心中所有的花朵，
来自他生命的一个个宝贵的时日。

情感的火焰变成了地狱，

而诗人成了这火焰里的牺牲品；
在大地上，只有生命之树的
一根小小的枝条支撑着他。

他就躺在死亡的睡榻上，
这孩子遭受太多的磨难，
听到他母亲悲愁的嘴唇，
发出痛苦的低低的声音：

"死神呵，别从我手臂里将他夺走，
过早地夺走我的孩子的生命，
上苍答应过延长他的生命，
或者说，我们的梦也是谎言？"

"妈妈，我的梦并非撒谎，
尽管遮尸布将我盖上，
你的诗人儿子光荣的英名，
妈妈，它也一定长久地永存。"

1843 年 3 月 5 日之前，克奇克梅蒂

点评：仿佛诗人已经预感到自己的未来命运。

## 秋天来临了

秋天来临了，鹤鸟飞走了，
对它来说，这里过于寒冷；

它飞走了，飞到另一个国度，
那里太阳照耀，阳光充足。

唏，到底是什么原因，
鹤鸟把异地视为故乡，
但是，我的鸟儿呀，我不明白，
你怎样找到离去的原因。

我一直是信赖你的，
从开始直至最后，
我心中从没有过秋天、春天，
你知道，却总是如同夏天那样在燃烧。

你朝他飞去的那个人，
或许他心中就没有冬天？
我可以发誓，我美丽的鸟儿，
我将不会对你表示祝愿。

鹤鸟呵，倘若你飞回来了，
是因为找到鲜花盛开的美丽春天，
唏，可是你为何要返回来呢？
在这里，你只会找到荒凉的坟堆。

1843 年 3 月 14 日之前，克奇克梅蒂

**点评**：表示对社会现状的失望。

## 黎明，在雄鸡啼鸣中醒来……

黎明，在雄鸡啼鸣中醒来，
这时候，我不敢跟姑娘们攀谈，
因为我要是跟她们说话，
黎明就将显示出它的两幅面孔。

这么一来，有人就这样想：
也许我就是雄鸡；
唏，雄鸡是一只虚伪的鸟儿，
它总是无耻地跑到别人窝巢旁边。

其实，我并不是雄鸡，
我是夜莺，
我只有一个窝，一个伴侣，
因此，我才活在世界上。

1843 年 3 月 14 日之前，克奇克梅蒂

**点评：** 表明对爱情的忠贞不渝。

## 远方寄语

多瑙河畔有一间小屋，
啊，对我来说十分珍贵，
每逢我回想起它，

我双眼就泪水涟涟。

尽管我可以一直留在那里，
但是，愿望引导我往前走，
我希望的坚硬翅膀拍击着，
催促我离开老家和母亲。

在我的告别亲吻声中，
父母亲胸膛升起痛苦火焰；
我眼睛冰凉的泪珠，
也熄灭不了痛苦的火焰。

母亲用颤抖的手臂拥抱着我，
哀哀恳求我留在家乡。
唉，倘若我当时了解这个世界，
我就不会流落在远方。

在我们美丽希望的晨星旁，
屹立着一座未来的仙人花园；
只是，当我们步入迷途，
我们才发现悲哀的错误。

我也曾受到我闪耀的希望的鼓舞，
这该对谁诉说？
自从我步入这个世界，
我流浪的双腿就在荆棘丛中奔波。

……现在，有熟人回我美丽的家乡；

我托他们捎什么口信给我善良的母亲？
请你们告诉她，我的乡亲，
倘若你们从我家门口经过。

你们就说，请她不要流泪，
因为她的儿子赢得好运，——
啊，倘若她知道我生活多么困苦，
我可怜的母亲必定会心碎！

1843 年 5 月，波约姆

**点评**：游子的内心直白，无限的深情母爱。

## 谷子成熟了……

天气炎热，
谷子成熟，
明天清晨，
我去收割。

我的爱情也成熟了，
因为我的心在沸腾，
但愿你是位收割者。
我唯一亲爱的人啊！

1843 年 7—8 月，佩斯

**点评：** 这首民歌体情诗，坦率直白、自然，表明诗人向民歌学习，汲取精华，融入自身艺术创作之中，并获得成功。

## 我转身走进厨房

我转身走进了厨房，
从口袋里取出烟管，
我并不需要点火，
烟管还在冒烟。

我的烟管欢快地冒烟，
我并不需要点火！
我所以要走进去，因为
我看到里面有位姑娘。

姑娘点着了火，
火光闪闪；
啊，她的一双眼睛，
比火焰更明亮。

她的目光向我投来，
她的娇媚使我迷恋，
燃烧了我的心，
熄灭了我的烟管。

1843 年 7—8 月，佩斯

**点评**：又是一首出自诗人笔下的民歌体爱情诗，极富普通人的思想情感和表达方式。

## 爱情呀，爱情……

爱情呀，爱情！
爱情是个黑黝黝的陷阱，
我陷进去了，待在里面，
什么也看不见，什么也听不到。

我看守我父亲的羊群，
但听不到头羊的铃铛，
它走呀走，走进绿油油的麦地，
唏，等到我发现时已经太迟。

我亲爱的母亲把足够的食粮
装进我的背包里，
幸好我已经把它丢失，
才有借口进行绝食。

亲爱的父亲，亲爱的母亲，
现在，什么事也别交给我做，
你们瞧，倘若我做错了，
我自己也不知道我在做什么！

1843 年 11 月 4—24 日，塞克伊希特

**点评**：这一首和下面一首爱情诗既写出了青年人对爱情的渴望与追求，又表达出对爱情的忠贞。

## 不能不让花儿不开放

倘若美丽的春天来到了，
不能不让花儿不开放；
春天是姑娘，鲜花是爱情，
花儿被迫对春天开放。

亲爱的宝宝，我看到你，爱你！
我成了你美丽心灵的爱慕者，
你美丽的心灵，就在你温顺、
迷人的眼睛的镜子里。

我心中产生一个秘密的问题：
你是否爱上别人，我宝贵的鲜花，
或者是我？
这两种想法在我心中相互搏击，
如同秋天里的云彩追逐着阳光。

哎呀，倘若我知道，你等待的是别人的亲吻，
你天仙般的面孔是牛奶里飘荡的玫瑰；
我将成为这个大世界的流浪者，
或者我就在流浪途中死去。

照耀着我吧，我幸福的星星！
别让我的一生成为悲伤的夜晚；
爱我吧，我心灵的珍珠，
倘若可能，让上帝祝福你的灵魂。

1843 年 12 月，德布雷森

## 我不离开这儿……

我不离开这儿，哪儿也不去，
虽然在这里命运对我是严厉的，
但即便是更严厉些，
难道说我就不继续留在这里？

对我来说，这块土地非常亲切；
春天即将离去，
太阳、星星也要离开，
但我不走，我就是要留在这里。

我是树，我的心灵是树根，
没有树根，大树不能存活；
如同从我未婚妻的心中挖出来一样，
我能从地里把树刨出来砍碎吗？

因此我不离开这儿，哪儿也不去，
虽然命运对我的确是严厉的，

但即便是再严厉些，
我也继续留在这里。

1843 年 12 月，德布雷森

**点评**：表现了对祖国的爱，对生养自己的这片土地的眷恋之情。

# 一八四四年

## 爱国者之歌

我属于你,全属于你,我的祖国!
我的这颗心,我的这个灵魂;
倘若我不爱你,
我能爱哪一个人?

我的胸膛深处是座教堂,
你是教堂里的圣坛;
为了保持你的形象,必要时
我愿意毁掉这座教堂。

被毁坏了的胸膛,它
最后的祷词是:
"我的上帝,祝福它,


我的祖国!"——

但是，我不告诉任何人，
也不高声呼喊：
"我最亲爱的依然是你，
在这个广大的世界上。"

我秘密地追随你的脚步，
永远地信奉你；
不像影子那样，
只在好天气时才跟随太阳。

但是，当夜幕快降临时，
影子也逐渐伸长了；
我的祖国，倘若黑夜开始出现在
你的上空，我的悲伤也在增长。

我要走到你的信徒那里，
他们正在举杯，恳求
命运在你神圣的
生命上增添新的光辉。

我把这满满一杯酒喝光，
不剩一滴，
虽然是痛苦的……因为
我的眼泪已经渗入到酒里。

1844 年 1—2 月，德布雷森

**点评**：从一开始，诗人就表明自己是一位赤诚的爱国者。

## 我要说……

我要对你说："请站住，姑娘，
请站住，我的鲜花，我的星星！
我有一颗上帝赐给的心，
喏，倘若必要，我就交给你。"

我要对你说："我的心是大海，
你就统治这个大海吧！
你要好好对待它，因为
最美丽、最忠贞的珍珠就在这里产生。"

我要对你说："这颗珍珠
纯洁的光辉将永远保持。"
我只说这些，其实我的话比这多得多；
但是我不说，因为没有人听我说。

1844 年 1—2 月，德布雷森

**点评**：又一首民歌体爱情诗，富有民间气息。

## 歌

惊醒的婴儿在摇篮里啼哭，

保姆摇荡着摇篮，
哼着习惯的歌儿，
替婴儿催眠。

我许多的苦难是哭泣的孩子，
痛苦呀；
诗人的一首歌呀，我用
我的歌让孩子入眠。

1844 年 1—2 月，德布雷森

**点评**：诗人的诗如同催眠曲。

## 贵　族

把那个恶棍捆在鞭刑柱上，
用棍棒惩罚他的罪行；
他偷，他抢，魔鬼知道，
他还有什么没干。

但他却呼喊着反抗：
"你们都不要碰我，
我是贵族……你们没有
权利抽打一位贵族。"

他受辱的祖先的灵魂啊，
你听他说的这是什么话？

现在，不是把他捆在鞭刑柱上，
而是须要把他吊上绞刑架。

1844 年 1—2 月，德布雷森

**点评**：用讽刺的口吻，对封建贵族进行严厉批判，显示诗人的反对封建主义立场。

## 脸色灰暗的士兵

有位保卫祖国的青年，
准备走上战场：
军队里的这位青年，
脸色暗淡无光。

"唏，是不是你的勇气，
全都飞进你的筋腱里去啦？"
一位军官挖苦地问道：
"你的脸色是那样蜡黄。"

"军官先生，"青年回答：
"这是我的想法：
为什么我的脸色这样蜡黄？
对这我暂时不回答。

今天会红起来的，
倘若不是出于别的原因，

随着我的军刀声响，
敌人的血会把它染红。"

1844 年 1—2 月，德布雷森

**点评**：真正渴望战斗的战士。

## 冬　末

人们是为快乐的春天感到愉快吗？
春天即将到来了，它给人们带来许多快乐！
草地上，蜜蜂又将成群结队，
去围攻五彩缤纷的鲜花。

在它们有意地攻击尚未开放的
花蕾，贪婪地吸蜜之前：
在邻近的树丛密集处，
鸟儿已吱吱喳喳地唱出热烈的战歌。

在已禁闭起来的荒漠胸膛里，
鲜花、歌曲、蜜蜂对我都毫无意义……
我是否希望最后的复苏？
如果冬天已经远去？让它快点走吧！

我对春天寄予莫大的希望，
因为那时天气会比现在暖和得多；
到那时，我待在冰冷的屋里，

穿着破烂衣服将不会冻僵。

1844年2月，德布雷森

**点评**：诗人对自己在德布雷森遭遇困境的描述。

## 我不知道该做什么……

我不知道，我该做些什么？
我把全国的酒都已喝光，
可是，我愈是喝得多，
我的喉咙愈是感到可怕的干渴。

现在，上帝为什么不创造奇迹？
把蒂萨河①的河水全变成美酒，
让我能够成为多瑙河；
好让蒂萨河注入我的胸怀。

1844年2月，托卡伊

**点评**：点明诗人宽阔的胸膛，可以容纳一切。

---

① 匈牙利境内河流，亦见下面《蒂萨河》一诗。它在匈牙利境内与多瑙河汇合。

## 埃格尔①的钟声

白雪覆盖大地，乌云遮蔽天空——
唏，一切就听其自然吧！
这用不着感到奇怪，
冬天就是这个样子。
我也许不知道，
冬天已经来临；
倘若我不从窗户
往外面看上一眼。

我坐在屋子里暖暖和和，
那么多的朋友围绕着我，
把我的杯子斟满
埃格尔山区的美酒，
朋友们，这酒真是太美妙。——
要不要再来一杯？
在我们的胸膛里，充满着
一个又一个巨大的欢乐。

倘若我的欢乐是种子；
我就把它埋进雪地里，
倘若种子发芽：将把
玫瑰园奉献给大地。
倘若我把我的心

---

① 匈牙利西北部城市，1552年，这里曾经进行过抗击土耳其入侵者的埃格尔堡保卫战，匈牙利人民英勇奋战，终于击退敌人。

抛上天空,
它将代替太阳,
给世界送来温暖。

从这里也可以
看到山峰,
多布①用土耳其人的鲜血作字母,
把他伟大的英名永远写进著名的篇章。
唏,这真是一位
了不起的人物!
需要多少河水从多瑙河上流过,
才会出现像他那样的英雄。

匈牙利人鲜花盛开的
春天已经凋谢!
祖国在长期怯懦、懒散中
踏步不前,遭受苦难。
你会不会返回,
飞逝了的春天?
在这块早已荒凉的
土地上,会不会再次鲜花满园?

唏,我们抛开这个话题吧,
现在是少有的欢悦,
至少别让悲伤
打扰这美好的一天。

---

① 埃格尔堡保卫战的匈牙利军民领导人,民族英雄。

既然抱怨不会
带来成功，
软弱的人的七弦琴，
又能做别的什么？

你走开去，祖国的不幸；
至少你现在必须离开！
每一个人重新把酒杯斟满，
驱散令人心碎的悲伤。
我的朋友们，
把酒杯满上，
再满上，
倘若前一杯已经喝干。

可是，瞧……我想起了什么？
每一杯酒就是一百年，
那是现在站在我背后的时光。
我的心灵飞向未来，
我就在未来中愉快、
幸福地生活！
因为到那时候，祖国
不再是孤儿。

1844 年 2 月，埃格尔

**点评**：缅怀先烈，祝福祖国未来美好。

## 徒然的计划

在我回家的整个路上，
我一直在默默地思量：
面对我很久没见到的母亲，
我将要对她说些什么？

那时，我说的首先
是否对她是那样亲切、美好？
我母亲向我张开了
摇荡我摇篮的手臂。

我脑子里出现数不尽的、
一个比一个更美好的思想。
看样子时间过得很缓慢，
尽管车子一直在飞跑。

我敲门进了矮小的家，
我母亲飞似的朝我跑过来，
我吻着她……无言地……
如同果实悬挂在枝头上。

1844 年 4 月，多瑙维切

**点评**：母子亲情尽在无言之中。

## 我在家的一个晚上

我同我父亲斟杯对饮，
慈祥的老人真能喝，
为了我的兴致再来一杯，
愿上帝祝福他！

我许久不曾回家了，
也已很久没见到他；
从那以后，他变得老多了，
唏，时光飞快地逝去了。

我们说这，说那，
话到嘴边，舌头不停；
在其他许多话题中间，
也谈到了戏剧表演。

作为演员，我坐在他的对面，
现在，他仍然坚持己见；
时间已经过去多年，
但仍然没有消除他的偏见。

"喏，卑贱的一生，
那就是喜剧！"
我耳边响起这样的称颂，
我就必须保持沉默不语。

"我知道，你经常挨饿，
你就显示你的手艺，
好让我看一看，
你能翻几个筋斗。"

对于他那行家话语，
我微笑着一声不响；
这颗顽固的脑袋！
我无法向他说明。

我继续给我父亲
朗诵一首我的酒歌；
我感到非常地高兴，
这首酒歌竟能使他发笑。

但是，他并不把这看得很重，
现在他竟然有了一个诗人儿子；
在他眼里，这样的
事情一点也没有用处。

这，一点也不值得奇怪！
他只精于剔肉，
不会为科学而动脑子，
弄得大部分头发脱落。

后来，当盛酒的
罐子倒空了……
我开始写诗，

他就倒在床上休息。

这时候，我母亲
向我提出上百个问题，
我必须一一回答；
我不得不停下我的笔。

母亲的询问
没完没了，
但是，这些问题
使我感到无限慰藉。

因为这一切像一面镜子，
从中我可以看出：
在这片土地上，我有
一位最喜爱我的母亲。

1844 年 4 月，多瑙维切

**点评**：运用普通的话语，诉说平凡人家的亲情，真实、无华，透出诗人的本色。

## 月亮世界沐浴在天空的海洋里……

月亮世界沐浴在天空的海洋里，
在森林深处，绿林好汉在沉思：
草丛上布满夜间浓密的露水，

可是，更浓密的是他双眼落下的眼泪。

他紧靠着他的斧头柄，自言自语：
"我为什么要干出这样违法的事情！
我亲爱的母亲，你总希望我做好事，
我亲爱的母亲，我为什么不听你的话？

我离开了家，成了流浪汉，
我混进了强盗们的中间；
现在，我生活在他们中间多么可耻，
给无辜的过路人带来最大的危险。

我想要回家，我想要离开这里，
离开这里我会感到快乐，但现在
已经没有可能：
我亲爱的母亲死了……从那以后，
我小小的家已经毁掉……
那里已经竖起了绞刑架。"

1844 年 4 月，佩斯

点评：民歌体诗歌。

## 我是不是在做梦？

我是不是在做梦？
或者是真的看见？

我看到的那位，
是仙女还是姑娘？

不管她是姑娘，
也不论她是仙女，
我一概不感到遗憾，
只要她爱的是我。

1844 年 4—5 月，多瑙维切

**点评**：民歌体爱情诗。

## 在水上

我的小舟同上下颠簸、
喋喋不休的波涛在交谈：
我握紧船桨，
弄得满头大汗。

妈妈，倘若现在你看见我，
我知道，你会这样说：
"我的上帝呵！……倘若你的船翻了……
难道说你不害怕死亡？"

爸爸，倘若现在你看见我，
我知道，你会这样说：
"魔鬼把你拖拉走了，

撕碎你的衣裳。"

1844 年 4—5 月，多瑙维切

**点评**：民歌体诗歌。

## 是什么流过田野

是什么东西流过那里的田野？
是小溪流潺潺流水的珍珠，——
是什么东西在爱的面孔上流淌？
是悲伤的泪珠。

让小溪缓缓地流淌吧！
在它的波涛航程中，
载着盛开的红玫瑰，
通过绿油油的田野。

可是，眼泪就不要流淌，
我心灵的小姑娘！
让你的眼泪成为
你脸颊上枯萎的玫瑰。

1844 年 6 月，佩斯

**点评**：对爱情的素描。

## 这个世界是那样巨大

这个世界是那样巨大，
我的鸽子，你是那样娇小；
但是，倘若我能够拥有你，
为了这个世界，我也不出让你。

你或许是太阳，我或许是黑夜，
包含着完完全全的黑夜；
可是，倘若我们的心融化在一起，
美丽的黎明就会打破我的黑暗！

不，不要看我，低下你的眼睛，
要不然我的灵魂就要被燃烧。
可是，既然你不爱我，
那就让我孤寂的灵魂烧掉。

1844 年 6 月，佩斯

**点评**：描绘出爱情的多种形象。

## 生与死

倘若上苍把这样的
命运赐予他，他就是幸福的人：
活着，是为了美酒和姑娘，

死亡，是为了祖国而牺牲。

1844 年 7—8 月，佩斯

**点评**：年轻诗人抒发的爱国情怀。

## 树上的樱桃上千颗……

树上的樱桃上
千颗……
我的妻子只有
一个；
但是，仅此一个也就
够多！
早早晚晚，她要把我送进
坟墓。

她是上帝创造的一个
怪物！
她一挨近我，我就害怕得
颤抖。
她要我做什么，我就做
什么，
总是挨骂，这就是她付给我的
工钱。

有一次，我曾经这样

想过：
揍她一顿……我能对付她，她
老了。
但是，当她看着我的
眼睛；
我所有的勇气，一股脑儿就
消失。
有一次她几乎
死去；
哎哟，我的上帝，我有多
高兴。
但是，魔鬼并没有把她
带走；
她够多坏，连魔鬼都不
要她。

1844 年 8 月，佩斯

**点评**：富有民间诗歌气息，是诗人积极学习民间诗歌的体现。

## 我的爱情……

我的爱情并不是夜莺，
被朦胧的黎明所唤醒，
在太阳所吻过的灿烂的土地上，
唱出甜蜜的歌声。

我的爱情并不是欢乐的公园，
在那里，天鹅在静静的湖中游荡。
对着照耀在水面上的月光，
它们雪白的脖颈不住地点头致敬。

我的爱情并不是安静的家，
周围是一座祥和气氛的花园，
那里是慈善母亲的居所，
生下一位仙女：美好的欢乐。

我的爱情是荒山野岭；
如同强盗一样，嫉妒就在其中，
它手里是匕首：绝望；
每刺一下，就会有成百人死亡。

1844 年 11 月，佩斯

**点评**：对爱情的不一般的感受与理解。

## 我的爱情是咆哮的大海

我的爱情是咆哮的大海，
但是，现在它的波涛不再
在巨大的翻腾中搏击着大地和天空；
大海入睡了，如同
躺在摇篮里的孩子，
在长时间哭闹后，安静地入睡了。

在平静如镜的水面上，
我划着桨，我的心灵
就在轻轻摇晃着的幻想的船上，
从此岸驶向未来，
柔和的歌声振翼向我飞来……
你歌唱着，希望，你可爱的夜莺！

1844 年 11 月，佩斯

**点评**：和谐与平静，又是诗人对爱情的希望。

## 致住在国外的匈牙利人

你们是祖国身上的脓疮，
我要对你们说些什么呢？
倘若我是火；我要烧掉你们，
烧掉你们体内坏的血液。

我不是火，没有令人担忧的火焰；
但是，我有尖锐的声音，
会呼喊着诅咒你们，
用可怕的话语诅咒你们。

难道这个祖国就
容纳不下那么多财富？
要知道，这不幸的祖国
是那样的可怜，病得那样重。

你们这些强盗！
这是祖国用血汗换来的买药钱，
你们却带到国外去，
奉献给外国偶像的祭坛。

对祖国在泥泞里行乞，
你们一点也不放在心上，
当祖国流着血，你们却
在国外把酒杯满上。

当你们身边只剩下
讨饭棒子，你们才回来；
是你们把祖国变成乞丐，
而现在你们又向祖国乞讨。

离开这可怜的祖国吧，
你们已经被驱逐；
坟墓要往外扔出你们的尸骨，
天堂也要驱逐你们的灵魂！

1844 年 11 月，佩斯

**点评**：对不顾祖国安危，只图在国外享乐的贵族的谴责。

## 反对国王

我们知道，孩子需要玩具；

当人民在幼年时代，
为了让玩具辉煌灿烂，
他们就做了宝座和王冠，
把王冠戴在木偶的头上，
让木偶坐在宝座上。

这就成了国王，成了国王们，
他们坐在那里，头脑发昏，
他们迷迷糊糊地在心里想：
他们出于上帝的仁慈进行统治。
你们搞错了，好国王们，
你们不是老爷，而是我们的木偶。

世界成了伟大的时代，男子汉
不再想要孩童时期的玩具，
你们就从朱红的宝座下来吧，国王们，
也要把王冠从你们头上摘下。
倘若你们不愿意，那我们
就不客气，连同你们的脑袋一起砍掉。

就这样，没有别的选择，
在巴黎广场，斧头把路易脑袋砍下，
这是暴风雨的第一道闪电，
不久，它就将向你们袭去，
是的，眼看它就要到来，
我已经不是第一次雷鸣！

那时候，全世界将成为一座巨大的森林，

国王们就是森林里的野兽，
我们拿着武器追逐他们，
带着无限的欢欣把他们烧烤，
我们要用他们的血写在天幕上：
世界已不是小孩，人民已经成长。

1844 年 12 月，佩斯

**点评**：态度鲜明地反对封建主义制度。

## 阿尔弗勒德①

在我看来，冷峻的喀尔巴阡山脉，
你是松涛翻滚的奇妙的景致！
也许我感到惊奇，然而我并不喜爱你，
我的想象也不在你的山谷中徘徊。

山脚下是海一般宽阔的阿尔弗勒德平原，
那里有我的祖国，有我的世界；
我的灵魂是离开牢笼的自由的山鹰，
倘若我看到这一望无际的平原。

这时候，我的思绪超越大地，
在云层中间翱翔，
从多瑙河到蒂萨河伸展开来的、

---

① 阿尔弗勒德是匈牙利著名大平原。诗人就出生在大平原小镇奇什克洛什。

美丽的景致微笑着看着我。

在海市蜃楼般的天幕下，响起
小孔萨克①成百肥胖的牲口的铃铛响声；
午间休息，在长长的吊杆井边，
宽宽的水槽是向两边分开的城堡。

马群嘶喊着奔跑，
在大风中响起马蹄嘚嘚的喧嚣；
夹杂着马童的高声吆喝，
还有挥动皮鞭的噼啪声。

农舍旁，在微风温情的怀抱里，
颗粒丰满的麦穗在不住地摇晃，
它愉快地用青绿的颜色，
给周围地区戴上了花环。

从邻近的芦苇丛中，
在夜雾里走来了一群野鸭，
受到惊吓，向天空飞去，
芦苇被风吹动得摇摆不定。

远离农舍的草原深处，
站立着一座孤零零的倒塌的酒店，
作为拜访者的饥渴的强盗们，
途经此处去克奇梅蒂②赴集。

---

① 地名，位于阿尔弗勒德平原。
② 阿尔弗勒德平原上的重要城市。

在酒店附近是一片黄色的沙丘，
那里生长着一片矮小的白杨树；
吱吱喳喳的麻雀在树上筑巢，
一点也不害怕孩子们的骚扰。

那里长满了枯萎的茅草，
蓝蓝的鲜花到处开放，
在中午的烈日下，
杂色的蜥蜴躺在草丛下乘凉。

远处，那是天与地相连接的地方，
在朦胧中显示出蔚蓝的果树之树顶。
瞧，如同暗淡的雾柱站立在那里的，
它们是城市一座座教堂的钟楼。

阿尔弗勒德，你是多么美丽，至少
对我是美丽的！
我在这里出生，摇篮把我荡漾，
在这里，尸布将盖上我的面孔，
在这里，坟墓将在我的尸体上建起。

1944 年 7 月，佩斯

**点评**：祖国之爱，深深融入对故土无限赞美之中。情真意切，感人至深。

## 晚 上

太阳已经落山，
静谧降临大地。
微风
在云彩中间穿行，
月光
沉思般走来，
如同废墟上空
的幻象。
城里人
不欣赏，
乡下人却在寻觅；
多么美好的夜晚。
姑娘、小伙子
来到街上漫步，
开始纵情歌唱；
听到了歌声，
夜莺也跟随着
伴唱，
优美的歌曲，
就来自叶丛后面。
园子旁边，
笛声响起，
牧人在那里，
燃起一堆篝火，
围着篝火，

来回转悠,
吹起
悲凉的笛子;
牧人的牛、马,
踏着
承受露水的青草,
踌躇不前。
就在此时,
园子的门,
轻轻打开;
随着门开,
牧人
满怀欣喜,
奔向前去,
拥抱,
亲吻。——
除了是她,
又怎能是别人?
那是他美丽的追逐者呵,
尽情欢乐吧!
你们,幸福的一对……
在他们的周围,
再没有什么别的人?

1844 年 7—8 月,佩斯

**点评**:描绘出一幅年轻恋人热烈相恋的美妙图景。

## 大自然的野花[①]

你们这群卑贱的狗,
干吗要朝我狂吠!
我扔给你们一根硬骨头,
让它卡住你们的喉咙。
你们把暖房里弱小的幼苗
一下子掐掉。
我是五彩缤纷的
大自然的野花。

别想用大棒,
教导我作诗,
学校里的教规,
我从不乐意接受。
要我支持你们的原则,
那是我不能接受的。
我是五彩缤纷的
大自然的野花。

专会挑刺的骗子们,
我的花儿并不是为你们开放,
你们是软弱、娇气、腐朽的
杂草。眼看就要腐烂;
正因为这种气味,有人

---

① 当时一些保守的批评家不喜欢裴多菲的诗歌,攻击他的诗用词粗俗、不符合韵律等,这首诗正是诗人对他们的回击。

走来向我表示致敬。
我是五彩缤纷的
大自然的野花。

喂，你们就让我
过平静的生活吧！
大棒击打在墙上，
不会带来很大效果，
你们是否有兴趣戏弄我？
你们是那样慌慌张张走向我。
我是大自然的
带刺的玫瑰。

1844 年 12 月，佩斯

**点评：**立场坚定，对恶意攻击者的有力回应。

## 帕尔师傅

帕尔师傅头上歪戴着
破烂的皮帽，
如此这般辩白说：
"唉，真是见鬼！
我干吗要讨个老婆？
没有她，我的日子过得更自由；
我把她赶走，……我这就把她赶走。"
帕尔师傅怎么说就怎么做。

帕尔师傅把头上
的皮帽戴正了，
如此这般辩白说：
"唉，真是见鬼！
我把她赶走实在是糟糕，
我的财产在她手里日见增多，
如今全毁了……全毁了。"
帕尔师傅怎么说就怎么做。

帕尔师傅把头上戴的
帽子又弄了弄端正，这时
又如此这般辩白说：
"唉，真是见鬼！
悲哀和忧愁管什么用？
我没有更多的东西给她，
但还得继续给……继续给她。"
帕尔师傅怎么说就怎么做。

帕尔师傅把皮帽压低，
蒙住眼睛，最后
悲苦地这样辩白说：
"唉，真是见鬼！
现在，一切全晚了；
我该怎么办？自我上吊？
上吊……我这就要上吊。"
帕尔师傅怎么说就怎么做。

1844 年 12 月，佩斯

点评：好轻松的一首打油诗，为普通人所乐闻。

## 七弦琴与宝剑

我祖国的上空布满乌云，
眼看灾难几乎就要来临；
来吧，让它来吧！
我的灵魂已经做好一切准备。

我的七弦琴，
喜欢它的吟唱，
它在我手中待得太久了，
琴弦已经破损。

我的宝剑待在那边角落，
它不住地在抱怨：
"我至今待在这里浪费时光，
难道就要等到最后的审判日？……"

1844 年 12 月，佩斯

点评：诗人在渴望着参加战斗。

## 致艾德特尔卡

我的天使，你曾否看见

多瑙河与河中央的那个小岛？
我就把你的音容笑貌，
想象着纳入我的心田。

从岛上飘落的绿叶，
自我投入了河水旋涡；
如此这般，你希望的绿荫，
也紧紧地镶入了我的心窝。

1844 年 12 月，佩斯

**点评**：这里选译的短诗来自《艾德特尔卡坟头上的柏叶》诗组，诗人对初恋少女发出最真诚的爱情表白，对少女的早逝更是表达出无限的哀恸。一切都是那样真情实感。

## 在乔·艾（德特尔卡）小姐 纪念册上的题词

倘若我在这上面书写的黑色字母，
会使你遭到不幸，
那么，我就要把我的笔扔掉，
那么我的每一个符号抵得上一个王国。

1844 年 12 月 25 日，佩斯

**点评**：这里选译的短诗来自《艾德特尔卡坟头上的柏叶》诗

组，诗人对初恋少女发出最真诚的爱情表白，对少女的早逝更是表达出无限的哀恸。一切都是那样真情实感。

## 在瓦·山（陀尔）夫人纪念册上的题词

我知道，你让你的丈夫①过得多么幸福；
可是，我并不希望你那样做，
至少不要做得那样十全十美，
他原来是一只痛苦的夜莺，
自从获得幸福，就很少歌唱，
你就折磨他吧，
好让我听到
他那甜蜜的歌声。

1844 年 12 月 25 日，佩斯

**点评**：催促朋友继续歌唱。

---

① 指裴多菲友人瓦·山陀尔（1818—1861），诗人兼文学评论家。

# 一八四五年

## 我父亲和我的职业

我仁慈的父亲:你一直
鼓动我继承你的手艺,
你曾说我将成为一个屠夫……
然而你儿子却成了一名作家。

你用手中的砍刀宰牛,
我用手中的笔杀人——
我们干的都是同样的事情,
区别只在于它们名称不同。

1845 年 1 月,佩斯

**点评**:父子从事职业不同,但最后都为民族、国家独立解放、自由、民主而斗争。

## 花儿上的花瓣在凋落

花儿上的花瓣在凋落，
我这就要离开我的宝贝。
愿上帝保佑你，亲爱的，
愿上帝保佑你，
我可爱的小鸽子！

天际上的月亮一片昏黄，
如同我俩的面容一般暗淡。
愿上帝保佑你，亲爱的，
愿上帝保佑你，
我可爱的小鸽子！

如同露珠降落枯萎的枝头，
眼泪汩汩滴落在我的面颊。
愿上帝保佑你，亲爱的，
愿上帝保佑你，
我可爱的小鸽子！

玫瑰树上的花朵仍将开放，
我们彼此也仍然会相遇在天堂。
愿上帝保佑你，亲爱的，
愿上帝保佑你，

我可爱的小鸽子！

1845 年 1 月 7 日，佩斯

**点评**：选自《艾德特尔卡坟头上的柏叶》诗组。

## 为了你，我还有什么没做……

为了你，我还有什么没做，
我漂亮、褐色头发的小姑娘，
只有一样，最终禁止
我向你袒露我的爱情。

那是我全部的生命，
最终能够为你做出的，
让我的全部的爱情，
深深地埋进你的灵柩。

1845 年 1 月，佩斯

**点评**：选自《艾德特尔卡坟头上的柏叶》诗组。

## 哎哟，敲响了悲哀的丧钟，

哎哟，敲响了悲哀的丧钟！
钟声是为了你而响起来的；

亲爱的,为了你凋零的玫瑰,
十五岁的青春年华!

你的灵柩,
就停放在这里的教堂,
此时此刻,我就以未婚夫
的身份伴随在你身旁。

在天堂里,我是
我亲爱的人的保护天使;
连同我的思想一道飞走吧,
也许这正是我的慰藉。

难道你已经逝去?
是悲哀将你杀害?
啊,尽管凋谢了,
我又怎能离开最美丽的玫瑰。

1845 年 1 月,佩斯

**点评**:选自《艾德特尔卡坟头上的柏叶》诗组。

## 你曾是我唯一的花朵

你曾经是我唯一的花朵;
你凋谢了:我的生命一片荒凉。
你曾经是我光辉的阳光;

你逝去了：我周围是一片黑暗。
你曾经是我幻想的翅膀；
翅膀折断了：我无法再飞翔。
你曾经使我血液沸腾；
现在，你冷却了：咳，我即将冰凉。

1845 年 1 月，佩斯

**点评**：选自《艾德特尔卡坟头上的柏叶》诗组。

## 噢，大自然，你还在嘲笑……

噢，大自然，你还在嘲笑？……
自从人们将她埋葬：
就在冬季冰雪的凛冽中，
已经透出春天的气息。

多瑙河河面上的坚冰已经碎裂，
圣盖勒尔山①山顶上的积雪已经溶化……
只是我的肉体和灵魂深处，
依然是留下深深的哀痛。

你为什么不从愤怒中奋起，
你为什么还在熟睡？懒惰的精灵！
狂啸的风暴呵，你是追逐猎物的山鹰，

---

① 位于多瑙河畔布达一侧的高山上，山顶上矗立着手持棕榈叶的自由女神全身塑像。

为什么还不快快扇动起你的翅膀？

你为什么不在天空中追逐云彩？
如同猎人追逐受伤的鸟儿；
云彩像雪花般纷纷飘落，
如同鸟儿的羽毛一般。

我满怀热忱
欣赏着大自然的景致，
我怀着一颗忧郁的心，
把美丽的波斯变成西伯利亚。

噢，但是炎热的阳光会不会
不嘲笑大自然？不！
它表示的是同情：因此不会再有冬天，
好让我亲爱的人在那里不再遭受寒冷。

1845 年 1 月，佩斯

**点评**：选自《艾德特尔卡坟头上的柏叶》诗组。

## 星星从天空中坠落……

星星从天空中坠落，
泪水从我眼眶里汩汩涌流。

我不知道，星星为什么坠落？

我的眼泪是为死者掉落。

落吧，落吧，眼泪和星星；
彼此竞相坠落，而永不止息。

1845 年 1 月，佩斯

**点评**：选自《艾德特尔卡坟头上的柏叶》诗组。

## 我们古老的土地

我们古老的土地，
跟太阳年青的光辉谑戏；
在天与地相互调情当中，
彼此拥抱、亲吻。

在多瑙河的波涛上，
在山峰、峡谷、原野，
在高塔，在窗棂上，
它们无处不在热烈地亲吻。

太阳兴致勃勃地升起来了，
它又是那样高高兴兴地沉落，
它仿佛并不看你的坟茔，
亲爱的艾德特尔卡！

1845 年 1—2 月，佩斯

**点评：** 选自《艾德特尔卡坟头上的柏叶》诗组。

## 白雪，是大地冬天的面纱

白雪，是大地冬天的面纱，
整整一夜，
你飘撒在大地上，
太阳冷峻的光辉，
严肃地注视着
死者荒芜的国度。

不允许白雪铺满巨大坟场，
只允许遮住艾德特尔卡坟头的周围；
但就在这里，
也不是阳光，
而是我眼睛不住流淌的泪水
把白雪消融。

1845 年 1—2 月，佩斯

**点评：** 选自《艾德特尔卡坟头上的柏叶》诗组。

## 天空多么蔚蓝

天空
多么蔚蓝！

大地

多么翠绿！

翠绿的大地之上，蔚蓝的天空之下，

声音响亮的百灵鸟在歌唱，

它的歌声骗取太阳的好感，

太阳也就欣赏着它的歌喉。

天空

多么蔚蓝！

大地

多么翠绿！

蓝天、绿地、春光明媚……

只有我是个聋子和傻子，

待在这个狭窄的房间里，

苦苦追索着诗歌的韵律。

1845 年 4 月，埃柏尔耶什

**点评**：诗人苦心的艺术追求。

## 匈牙利

匈牙利，我亲爱的祖国！
你不是当厨师的材料，
你烘烤的面包一半是夹生的，
另一半却已经烤糊；
一方面，你的一部分幸福的居民，

由于吃得太丰富而撑死，
另一方面，你更多痛苦的孩子，
由于饥饿而走进了坟墓。

1845年4月，埃柏尔耶什

**点评**：尖锐地指出社会的不公平，两极分化、对立。

## 黑面包

你为什么发愁，亲爱的妈妈，
就因为你烘烤的是黑面包？
倘若你儿子不在家时，
他也许会吃上比这更白的面包，
但这没有什么关系，把面包给我吧，妈妈！
无论你烘烤的面包多么粗黑，
我在家里吃上黑面包，
比在任何地方都更有滋味。

1845年7月13—21日之间，沙尔克申特马尔东

**点评**：游子的怀念亲情。

## 哪儿有宽阔的平原

哪儿有宽阔的平原？

噢，这一平原是那样一望无垠！
它的左边和右边全是荒芜的土地，
只有当中一块地生长着一棵树。

哪儿有像这棵树那般大的树？
它能给整个世界以隐蔽！
你们可曾知道：在我胸怀的平原里，
这棵树意味着什么……它是憎恨。

倘若出现一次巨大的灾难，
这棵遮盖世界的大树将会倒下，
幸福的爱情，
就是推倒这棵大树的巨人。

1845 年 8 月，佩斯。

**点评**：让爱情化解一切。

## 坟墓里安葬着

坟墓里安葬了我第一个情人，
我的悲痛是这坟墓黑夜的月光，
我的新的爱情在这黑夜中升起，
像一轮太阳，
太阳升起来了，月亮就暗淡无光。

1845 年 8 月，佩斯

**点评**：从悲痛中解脱。

## 一百个形象

我的爱情体现出一百个形象，
我把你幻想成这一百个形象；
倘若你是岛屿，我就如同汹涌的海水，
热情奔放地在你的周围奔流。

别的时候，我亲爱的人，
倘若你是座神圣教堂，我想，
我的爱情将像常春藤那样，
沿着神圣教堂的墙壁往上攀登。

偶尔，你倘若是富有的旅行者，
我的爱情将尾随着你奔跑，
如同遇上了虔诚的抢劫者，
我卑贱地向你屈膝跪下。

随后，你倘若是喀尔巴阡山，我
就是山上的乌云，
用雷鸣来围攻你的心。
随后，你倘若是玫瑰花丛，
我就是夜莺，围绕着你歌唱。

瞧，我的爱情有如此多的变化，
它从来不停地在变幻着，永远是活泼的，

倘若它有时变得温顺，但不软弱，
经常是像河流那样安静，但是深沉。

1845年8月20日—9月8日，沙尔克申特马尔东

**点评**：多么丰富的想象力！

## 爱情的旗帜

我的心是爱情的旗帜，
有两个精灵为它进行搏斗；
可怕的战斗每天都在进行，
从早到晚直到深夜。

一个精灵穿着雪白的衣裳，
它是快乐的希望；
另一个精灵是忧郁的失望，
它穿的是漆黑的衣裳。

斗争愈来愈激烈，我不可能知道：
他们中间哪一个将是胜利者？
我担心，他们会将
我的心，爱情的旗帜撕成两半。

1845年8月20日—9月8日，沙尔克申特马尔东

**点评**：对爱情的企盼与惶恐。

## 矮小的房子

我的住所是间低矮、小小的房子，
你的住所是座高耸、巨大的宫殿；
哎哟，我的姑娘哟，
我不可能登上那高高的台阶……

可是，我们为什么不能相聚在一起？
为什么我不能在黎明时把你迎到我身边？
山巅的溪流回归深谷，
天空的太阳光辉撒满大地。

如同太阳奔向大地，
溪水从山巅流向深谷，
我心爱的美丽的小鸽子，
从宫殿出来，下到我身旁将我占有。

我相信，在我身边，
你将比住在宫殿更加幸福，
高空的空气是冰凉、阴冷的，
在山谷里才有最美丽的春天。

姑娘，倘若你下来，等待你的
将是美丽的春天，爱情甜蜜的春天；
如同五月的鲜花，
这春天的花朵永不消失。

秋天来到田野，
看到的是花草凋零。
在我神秘、隐蔽的心的爱情花园里，
凋零的秋天将不会来临。

姑娘，你需不需要这座花园？
你愿不愿意下到我这栖身之所？
房子虽小，咳，也能容纳下我们俩，
如同居住在窝里的一双鸟儿。

下来吧，姑娘，我并不关心：
倘若你把一切珠宝全留在宫殿。
为什么你佩戴那些珠宝呢？
它们只是会使你的心变得暗淡不清。

1845年8月20日—9月8日，沙尔克申特马尔东

**点评**：爱情追求的不一定是富有，而是平凡，心心相印的幸福。

## 献给我的花束

你献给我的花束，
上面绑着三色绸带，
你喜爱我们祖国的颜色，
姑娘，因为你喜爱祖国。

让我也送给你三种颜色：
绿色带去我的希望，
白色是我苍白的脸颊，
红色捎去的是我滴血的一颗心。

> 1845 年 8 月 20 日—9 月 8 日之间，沙尔克申特马尔东

**点评**：诗人爱情诗中出现祖国之爱主题。

## 我愿意是树，倘若……

我愿意是树，你倘若是树上的花朵，
你倘若是晨露，我愿意是花朵，
我愿意是晨露，你倘若是阳光……
只有这样，我们就能彼此在一起。

姑娘，你倘若是天际，
那我就愿意变成星星，
姑娘，你倘若是地狱，
（为让我们能在一起）我愿意坠入地狱。

> 1845 年 8 月 20 日—9 月 8 日，沙尔克申特马尔东

**点评**：爱情的魅力无穷，极富想象力。

## 我梦见了战争……

夜里，我梦见了战争，
号召匈牙利人投入战斗，
如同古代那样，号召的标记：
那就是让沾染鲜血的宝剑走遍全国。

他惊讶地看到，
在他的沾血的宝剑上只有一滴血；
自由的宝贵的冠冕，
战斗的粮饷并不是不道德的金钱。

这天正是我们结婚的日子，
姑娘啊，它属于我，也属于你；
当需要我为祖国而献身，
我就放弃我们的新婚之夜。

姑娘啊，在举行结婚的日子，
离开和死亡将是恐怖的结尾，对吗？
然而，如果命运作出了安排，
我就要像梦中的情景去干。

    1845年8月20日—9月8日，沙尔克申特马尔东

**点评**：为"自由"不惜奉献。

## 倘若上帝……

倘若上帝这样告诉我：
"孩子，我答应你，
你可以按照你的意愿死去。"
那么，我将恳求上帝这样安排：

在一个美丽、安谧、明朗的秋日，
枯黄的叶丛上闪耀着阳光，
在枯黄的叶丛中间，一只
春天留下的小鸟唱着最后的歌曲。

死亡不声不响地
走向秋天的自然界，
也向我走来……当它
走在我身旁，我才意识到它的到来。

那时，如同叶丛上的小鸟，
我也唱出最后的歌曲；
这悲怆的声音来自我的心田，
而又震撼了天空。

倘若迷惑人的歌曲结束了，
是一个吻让我闭上嘴唇；
美丽的金发姑娘哟，
你的吻是大地最真实的赞扬！

但是，倘若上帝不允许我此时死去，
那么，我就请求让我在春天死亡；
春天是玫瑰盛开的季节，
血红的玫瑰，在战士的胸怀里。

夜莺的歌声，是鼓舞
战士的号角，
我就在战士中间，
我的心房自然长出一朵死亡的血花。

倘若此时我从战马上倒下，
一个吻将把我的嘴唇闭上，
而你的吻，你美好的自由呵，
你就是上苍最真实的赞扬！

1845 年 8 月 20 日—9 月 8 日，沙尔克申特马尔东

**点评**：爱情给予为自由而战的战士巨大精神力量。

## 我做了个奇怪的梦

夜里，我做了个多么奇怪的梦，
姑娘，我梦见你拿刀刺进我的心房，
我的胸膛流尽了所有的血，
但每一滴血都幻化成一朵玫瑰花。

我这个梦意味着什么呢？什么也不是，

它只是意味着，我的爱情是这样的：
可怜的心被活活折磨死了，
而这种折磨却是那样甜蜜！

    1845年8月20日—9月8日，沙尔克申特马尔东

**点评**：折磨人的爱情，最后带来的却是幸福。

## 善良的酒店老主人

这里是美丽的阿尔弗勒德平原，
人们要想看山要走很远的路程。
我生活在这里，现在感到很满意，
日子既充满着欢乐，又无比幸福。
我的住所就在这乡村的酒店里；
这是家安静的酒店，偶尔晚上才有点嘈杂。
这家酒店的老板是位善良的老人……
愿上帝用双手给他以祝福！

我在这里住着，吃、喝一概都是免费，
哪儿也没有比这里更让我无忧无虑，
我在进午餐时用不着等候谁。
当我迟来时，所有人都必须等着我，
我只有一点遗憾：这位酒店老主人，
偶尔也跟他那位可爱的妻子吵架；
不过，吵完架，他们又和好如初……
愿上帝用双手给他以祝福！

我们有时谈起消逝的时光，
唏，往昔的日子过得多幸福！
房屋、园子、土地、钱财，应有尽有，
几乎记不清牛和马的数目。
狡猾的骗子骗走了他的金钱，
多瑙河的波涛卷走了他的房屋；
善良的酒店老主人也就穷了下来……
愿上帝用双手给他以祝福！

他的人生旅程已经接近黄昏，
这样岁数的人都渴望安宁，
而不幸却降临到这可怜的老人头上。
他日夜辛劳，连星期天也不休息，
他总是睡得很晚，
一大早就起床；
但是不幸还是落到他的头上。
我多么可怜这位善良的酒店老主人！……

我总是用他的命运会好转鼓舞他，
他却摇摇头不相信我的话语。
"会的"，他随后说，"我的命运会好转的，
只是因为我的脚已经迈进坟墓的门槛。"
我伤心地抱着他的脖颈，
我的泪水沾满了他的脸庞，
因为这位可爱的酒店老主人是我的父亲……
愿上帝用双手给他以祝福！

　　　　　　1845 年 8 月 20 日—9 月 8 日，沙尔克申特马尔东

**点评**：用最亲切、朴素语言，刻画老人艰辛的一生，感人心扉。

## 云朵与星星

上帝创造男人的时候，
把黑暗的忧郁刻在他的脑门，
我不知道这是为什么……只不过
这忧郁会变成云朵和雷雨。

上帝创造女人的时候，
把哭泣送进她的欢悦，
现在，看到了这欢快的眼泪，
星星点点，那是美丽的星星。

1845 年 9 月，钦柯托

**点评**：丰富的想象。

## 诗人的心房是座花园

诗人的心房是座花园，
那里的鲜花是替别人栽种，
在分送完这些鲜花之后，
给诗人留下的就是荆棘。

诗人的灵魂是只蝴蝶，
可怜的蝴蝶，遭到了不幸：
它在荒芜的园子里漂泊，
直至被荆棘撕得粉身碎骨。

荒芜的园子和被撕碎的蝴蝶，
没有任何人会想起它们，
只有可怜的诗人在那烈士花圈上，
才寄托着欢欣的沉思。

1845 年 9 月 10—24 日，佩斯

**点评**：这就是诗人的"奉献"。

## 论　价

牧羊青年，啊，穷苦的牧羊青年！
这是一个鼓鼓的装满钱币的口袋，
我就用它来购买下你的贫穷，
但是，你得添上你的情人。

"倘若这些钱币仅仅是你的出价，
那么，即便是这个数目的百倍，
你再给我添加上整个世界，
我也不会把我的情人出卖给别人。"

1845 年 9 月 25—26 日，沙尔克申特马尔东

点评：爱情，忠贞的爱情无价。

## 在 M. E 小姐纪念册上的题词

那是我们生活里最幸福的时刻，
（连我也不相信会作此尝试）
倘若我们同我们亲爱的人一道
走向圣坛，
这将是你即将清楚的命运；
倘若存在着上帝，
我就将请求把这一天，这一刻
停顿下来，
让这样的幸福永远成为可能，
如同此刻在圣坛前所看到的那样。

1845 年 9 月 10—24 日，佩斯

点评：对友人的美好祝福。

## 我与太阳

人们都用惊异的目光仰视着月亮，
感叹着月亮是人们的化身。
月亮即便是为了我而永远留下，
我也不会为它产生幻想和沉思。

体现出我情感的是你，
崇高、辉煌、热情的太阳，
你是我心田里的欢悦和优美，
我全身心地渴望着你的来临。

我同太阳像情人般相亲相爱，
我们俩是彼此忠实的情人！
谁能说清楚：究竟是太阳给我温暖，
还是我的心给太阳以热量？

倘若，命运把我逐进坟墓，
我只有一件事情感到痛苦，
在地底下，我再也见不到
我的情人，美丽的太阳。

每天，死者都有一个时辰的自由时间，
为此，我祈求上帝：
深夜，把我的棺材盖上，
中午，请把棺材盖掀开。

1845 年 9 月 10—24 日，佩斯

**点评**：有了自由，才能迎接光辉的太阳。

## 在 S.K 纪念册上的题词

世界已经是一座古老的建筑，

渐渐往低矮沉落。
倘若你挺直腰身向它走去，
你的脑袋会撞在梁柱上。
倘若你要进去，就得弯下腰身，
梁柱就在你的前头……
而我，宁愿碰破了脑袋，
也不会弯下我的腰身！

1845 年 9 月 26 日—10 月 7 日，波约德

**点评**：追求理想，决不妥协。

## 在 S. ZS 小姐纪念册上的题词

蜜蜂和鲜花都是园子里的居民。
蜜蜂的巢是鲜花盛开园子的心脏：
倘若园子爱情的鲜花开放，
就会招来友好的蜜蜂；
因为你最清楚，美丽的鲜花，
只能跟春天同在，时日苦短，
依靠辛勤的蜜蜂的劳作，
才能使你在冬天过上甜蜜的日子。
倘若我的忠告没能成功，
那就允许我如同蜜蜂那样留在你心间。

1845 年 9 月 26 日—10 月 7 日，波约德

**点评**：鼓励同道者要辛勤工作。

## 四头牛拉的大车

你听到的故事不是出在佩斯，
那里不会发生这样浪漫的故事。
尊敬的同伴们，
坐到大车上去，我们上路啦！
车子走动起来了，但这是一辆牛车。
是两双牛牵拉的大车。
四头牛拉着大车，
在公路上缓缓地蹒跚着。

这是一个明亮夜晚，月亮高悬天空；
苍白的月儿飞快地在云层中穿行，
像是位悲伤的妇女，
在坟场里寻觅丈夫的坟头。
醉人的微风飘过邻近的草地，
捎来甜蜜芳香。
四头牛拉着大车，
在公路上缓缓地蹒跚着。

我也在这群伙伴们中间，
恰好我坐在艾勒耶卡身边，
其余的伙伴们，
又是喋喋不休地交谈，又是欢乐地歌唱。
我沉醉在幻想中，对艾勒耶卡说：

"不为我们俩挑选一颗星星吗?"
四头牛拉着大车,
在公路上缓缓地蹒跚着。

"不为我们俩挑选一颗星星吗?"
我怀着幻想对艾勒耶卡说,
"那颗星星会把我们引导到
那往昔幸福的回忆中去,
倘若命运把我们彼此分开。"
我们终于替我们自己选择了一颗星星。
四头牛拉着大车,
在公路上缓缓地蹒跚着。

1845 年 9 月 26 日—10 月 7 日,波约德

**点评**:给读者描绘出一幅优美的乡间的爱情画卷。

## 匈牙利贵族

沾着我们祖先血迹的宝剑
悬挂在墙头上,锈迹斑斑;
锈迹斑斑,不再发亮。
我是一位匈牙利贵族!

我一生无需劳作,
我丰衣足食,乐得偷闲,
劳作只是农民的事情。

我是一位匈牙利贵族！

农民呀，你得把路修好，
因为是你的马替我拉车。
我再也不能骑着马上路。
我是一位匈牙利贵族！

我干吗要学习科学？
学者们全都是穷光蛋。
我既不写作，也不念书。
我是一位匈牙利贵族！

的确，我精通一门科学，
在那上面无人比得上我：
那就是最懂得吃和喝。
我是一位匈牙利贵族！

我无需完粮纳税，这真不错。
我有财产，但是不多，
而我的债务，却是很多。
我是一位匈牙利贵族！

我干吗要关心祖国？
过问我祖国成百的灾祸？
一切灾难都将消失。
我是一位匈牙利贵族！

倘若我吸烟，那是祖传的权利，

被埋葬在古老的房屋里；
天使会将我领进天堂。
我是一位匈牙利贵族！

1845年9月26日—10月7日，波约德

**点评：**对没落贵族作深刻的揭露与无情批判。

# 诗人与葡萄采摘人

对于用常春藤编织的桂冠，
我毫无渴望，也毫无兴趣！
人们把美丽的匈牙利姑娘用
葡萄藤编成的桂冠和我，
一道敬献出来，
因为葡萄采摘者和诗人，
具有同样的命运。
诗人和葡萄采摘者，
都给世界献出了心灵。
葡萄采摘者的心灵是美酒，
诗人的心灵是诗歌。
倘若他们把自己的心灵——
溶化在美酒、诗歌里奉献给世界：
他们就枯萎了，消失了；
而当他们消失的时候；
他们的灵魂，将随着美酒和诗歌

同世界一道欢乐。——

1845 年 9 月 26 日—10 月 7 日，波约德

**点评**：无私的奉献。

## 希　望

希望是什么？……是令人憎恶的妓女。
她一视同仁地拥抱所有的人。
倘若你一旦浪费掉你最美好的珍宝——青春：
那么，她就无情地把你抛开！

1845 年 10 月 16 日—11 月 25 日，佩斯

**点评**：为了不被抛弃，就得永葆青春。

# 一八四六年

## 我愿意离开这里

我愿意离开这光辉的世界,
我在这里看到那么多黑斑。
我希望走向无极,
那里渺无人迹!
在那里,我听到树叶窃窃私语,
在那里,我听到溪流的喧嚣,
还有鸟儿的歌唱,
我仰面观看云彩的漂游,
我观看到日出和日落……
最后,我也跟随着一块儿消失。

1846 年 3 月 10 日之前,沙尔克申特马尔东

**点评**:这几首选自《云》诗组的短诗,反映了诗人这一阶段在思想上产生的苦闷与失落。

## 记忆！

噢，记忆！
你是我们破碎了的船的一块碎片，
波涛汹涌，狂风劲吹，
把你送到海岸上去……

1846 年 3 月 10 日之前，沙尔克申特马尔东

**点评**：这几首选自《云》诗组的短诗，反映了诗人这一阶段在思想上产生的苦闷与失落。

## 大地呀！你吃的是什么……

大地呀！你吃的是什么，
为什么如此饥、渴？
为什么要喝如此多的眼泪、
喝如此多的鲜血？

1846 年 3 月 10 日之前，沙尔克申特马尔东

**点评**：这几首选自《云》诗组的短诗，反映了诗人这一阶段在思想上产生的苦闷与失落。

## 悲伤？是大海

悲伤是什么？是大海，
欢乐是什么？是大海里的珍珠，
我从大海里打捞出珍珠，
可是在半途中它就要毁灭！

1846 年 3 月 10 日之前，沙尔克申特马尔东

**点评**：这几首选自《云》诗组的短诗，反映了诗人这一阶段在思想上产生的苦闷与失落。

## 真理，你睡着啦？

啊，真理，你睡着啦？
这个男人曾经是那么高贵，
脖颈上悬挂着金链子，
瞧，现在在那里套上的……是
刽子手的绞索。
脖颈上戴着金链子的人，
其实，套着绞索最合适。
啊，真理，你睡着啦？或者
还没死去？

1846 年 3 月 10 日之前，沙尔克申特马尔东

**点评**：这几首选自《云》诗组的短诗，反映了诗人这一阶段

在思想上产生的苦闷与失落。

## 我的歌

我常常沉湎在思考之中，
我不知道，我的思考是什么？
我飞越我宽阔的祖国土地，
穿越大地，穿越整个世界。
月光是我幻想的心灵，
那时，我就会唱出我的歌。

不要生活在幻梦的世界，
更需要的是生活在未来之中，
我在思考……噢，我思考什么？
仁慈的上帝将会关怀我。
蝴蝶是我轻松的心灵，
那时，我就会唱出我的歌。

倘若我同美丽的姑娘相会，
我就把我的思想深深埋进坟墓里，
我深情地瞧着姑娘美丽的眼睛，
仿佛星星掉落在静静的湖心里。
迷恋的爱情是我的心灵，
那时，我就会唱出我的歌。

姑娘爱我？我就愉快地喝酒，
姑娘不爱我？我也要悲苦地喝着，

那里有酒杯，杯里斟满着美酒，
产生出五光十色的美好念头。
彩虹般的迷醉是我的心灵，
那时，我就会唱出我的歌。

噢，当我手中端着酒杯的时候，
各民族手上套的却是锁链，
正当杯子发出叮当响声的时候，
奴隶身上，锁链却在抱怨。
乌云是我悲伤的心灵，
那时，我就会唱出我的歌。

但是，奴隶们为什么还要容忍？
为什么还不起来，粉碎锁链？
难道还要等待上帝的慈悲，
把手上生锈的锁链除掉？
雷电般的轰鸣是我的心灵，
那时，我就会唱出我的歌。

*1846 年 4 月 24—30 日，佩斯*

**点评**：是诗人，就要发声，就要战斗。

## 心冰冷了，倘若你不爱……

心冰冷了，倘若你不爱……
倘若你爱，心就燃烧了；

这两者都不幸，
可是，这两者之间，
哪一样好些呢？……
只有天知道！

1846 年 7—8 月，佩斯

**点评**：其实，爱与不爱，只有当事人才清楚。

## 我爱……

我爱……也许从来
没有任何人这样爱过，
它包含着神圣的爱。
然而我亲爱的并不是世间的姑娘。

我爱着一位女神，
一位被放逐的女神——
自由。令我感到痛苦的是，
我只有在梦里才见到她。

的确，经常地，几乎是
每个晚上她都出现在我梦中。
就在昨天夜里，在鲜花盛开的
草地上，她就曾经同我在一起。

我跪在她面前，诉说

火一般的爱情的供词；
我屈膝跪在地上，向她献上
一束为她采摘的鲜花。

此时，我背后出现了
一个刽子手，砍下我的脑袋……
脑袋落在我的手上，我就把它
代替鲜花献给你：自由女神！

1846 年 7—8 月，佩斯

**点评**：明确无误地宣示将生命敬献给自由的决心。

# 人 民

一只手把着犁耙，
另一只手握着宝剑，
这就是可怜的善良的人民，
他们流血流汗，
直到生命的尽头。

人民为什么要流汗？
他们所乞求的，
只不过是穿衣吃饭；
相信大地母亲，
会给他们生产出这一切。

倘若来了敌人，
他们为什么要流血？
为什么要拿起宝剑保卫祖国？……
哪里有权利，哪里才有祖国，
而人民却没有权利。

1846 年 7—8 月，佩斯

**点评**：人民、权利、祖国，诗人提出了一个整体一致的概念。

## 夜莺与云雀

你们在月光下一直不停地
歌唱着的人们，
为什么要
歌唱那被波涛
整个儿卷走的时代？
你们究竟要唱到何时？
你们建筑在古堡废墟上的窝巢，
什么时候被毁灭？
你们曾在这里
同苍隼和枭鸟比赛歌喉，
歌儿是那么悽怆！
然而他们①还是在歌唱着，
他们眼睛里

---

① 这里的"他们"，及以下四行里的"他们"，都是指的是在月光下歌唱者，即夜莺。

燃烧着热烈的火焰，
或者是流下悲伤的泪水，
可是，又有谁向他们表示感谢！——
你们懂得你们是什么人吗？
你们这些
歌唱过去的人们！
你们是盗墓贼啊！
你们是盗墓贼啊！
你们从坟墓里挖掘出了
已经死亡了的时代；
为了换取桂冠，
你们可以将它出卖。
我并不羡慕你们的桂冠，
那上面已经长霉，发出尸体的臭味！
人类正在受苦受难，
地球是一座巨大的病院，
毁灭性的热病到处流行，
整整一个国家，
已经成了它的牺牲品，
其他国家也昏迷过去；
又有谁敢说：
这些国家将在什么地方苏醒？
是在这个世界，或者是在另一世界？
梦境已经过去，或者永远继续？
但是，在这些灾难之中，
上苍并没有把他的儿子忘记，
上苍怜悯处在巨大痛苦中的我们，
派来了医生，正在途中，

明天将要来到人间，
我们的刽子手还没有发现。——
我手中七弦琴弹奏出的
一切歌曲全都属于你，
是你鼓舞着我，
为了你我才流下我的眼泪。
我向你表示感谢，
你是疾病缠身患者的医生，
是人类的医生，是人类的未来！

你们，晚到的歌唱家，
停止你们的歌喉吧！
停止你们的歌唱！
尽管你们的歌声
像夜莺般动听，
摄人心魄。
夜莺是黄昏鸟，
但是，黑夜已经到了尽头，
黎明已经临近，
现在，世界不需要夜莺，
而是需要云雀。

1846 年 9 月初，沙特马尔

**点评：** 新的时代需要新的歌者。

## 镣 铐

那位为自由而奋斗的青年,
被投进了监狱,他坐在牢房里,
挣扎着,无情地
咒骂着手铐脚镣。
这时,镣铐对青年人说:
"不要叫骂了,你还是锉吧,
青年人,把我锉断,
让我飞落到暴君的脑袋上去!

难道你不认识我?我是
自由战争中的宝剑,
也许正握在你手中,
在鲜血淋漓的原野上闪闪发亮。
不幸呀,你真是不幸者,
在哪儿你找不着了你的宝剑!
锉呀,青年人,把我锉断,
让我飞落到暴君的脑袋上去!

他们把我打造成锁链,
而我原本是一把宝剑,
为了自由而进行斗争,
现在我却把自由压制……真是可怕!
羞辱、怨愤使我脸红耳赤,
我全身已经锈迹斑斑,
锉呀,青年人,把我锉断,

让我飞落到暴君的脑袋上去！"

1846年9月5—12日，纳吉卡罗伊

点评：自由，是一把投向暴君的宝剑。

## 我们俩曾在外面的花园里……

我们俩曾在外面的花园里，
彼此肩并肩紧挨地坐着，
只有上帝知道，
我们周围发生什么事情？
我连那时是秋季或者春天？
都弄不清楚。
我唯一知道的，
是我正在跟你在一起！

我深情地望着
你乌黑的眼珠。
我手掌里托着
你雪白的小手。
我们就这样彼此对望着，
我嘴里吐出这样的话语：
倘若我们俩现在变成石头，
那又将会是如何？

你回答说：你并不后悔；

你为什么这么说呢?
是不是,
你对生活产生厌倦?
噢,或者是,
这将给你以幸福,
倘若我们共同
度过永恒的时刻?

1846年9月19日,埃尔德特

**点评**:这里选择的是诗人创作的《爱情珍珠》诗组里的爱情诗,表达出诗人对爱情的热烈追求,与此同时,仍不忘为自由而战斗。

## 你是我的黑发姑娘

你是我的黑发姑娘,
是我心灵的光辉!
你如同是我永生永世
唯一的希望!
倘若我这唯一的希望
梦一般的消失,
那么,在这个世界和
另一个世界里我都不会幸福。

我曾经徘徊在
湖岸的柳树旁。

这地方对我很合适；
我需要与悲哀做伴。
在我眼中，那低垂的树枝，
就是哀怨的形象，
仿佛那就是
沮丧的心灵翅膀。

鸟儿飞走了，
飞离这万物凋零的秋天，
唏，倘若我也能够
脱离开这悲伤的国度！
不，我不能离开，因为我的
悲哀是那么巨大，如同我的爱情，
而我的爱情……我的爱情啊……
噢，永远没有尽头！

1846 年 9 月末，埃尔德特

**点评**：表达出诗人对爱情的热烈追求，与此同时，仍不忘为自由而战斗。

## 我用爱情的玫瑰……

我用爱情的玫瑰
铺满了床榻！
床榻呵，我就将
我的心灵展示在你面前。
要用爱情玫瑰的芬芳

轻轻地跟它亲吻；
或者是用尖锐的荆棘
深深地把它扎死？

无论是芬芳或者荆棘，
对我来说，反正都一样！
我的心灵，在玫瑰丛中睡吧！
做个美丽的梦；
在梦中寻觅合适的话语，
让它能够
尽情表达：
我胸中火一般的感情！

1846年9月末，纳吉巴纳

**点评**：表达出诗人对爱情的热烈追求，与此同时，仍不忘为自由而战斗。

## 我是在恋爱……

我是在恋爱，
或者是掉进了火海？
我不知道，但肯定的是，
我的灵魂在燃烧。

你们看见我苍白的
脸颊在发烧？

在那上面发现的是
黎明或者黄昏？

既是黎明，也是黄昏，
是我欢乐的黎明，
是我欢乐的黎明，
是我悲愁的黄昏。

我承认，这并不是
我心中出现的第一次爱情；
但我可以发誓，
它是我最后一次爱情。

我的爱情是只山鹰，
或者带我飞到天空，
或者用它的利爪，
把我的心撕得粉碎。

1846年9月末，纳吉巴纳

**点评**：表达出诗人对爱情的热烈追求，与此同时，仍不忘为自由而战斗。

## 云彩在飞驰……

云彩在高空飞驰。
我的玫瑰在遥远、遥远的地方。

云彩向西方飞驰,
太阳也向西方走去。

飞吧,云彩,飞到我的玫瑰上空,
告诉她,我的心如同你一样悲伤。
去吧,太阳,去到我的玫瑰上空,
告诉她,我的心如同你一样燃烧。

1846 年 9 月末,贝兰切

**点评**:表达出诗人对爱情的热烈追求,与此同时,仍不忘为自由而战斗。

## 云层在下降着……

云层在下降着,
秋雨落在树上,
树上的叶子掉落了,
夜莺依然在歌唱。

时间已经很晚了。
褐发姑娘,你可曾睡着?
你是否听到夜莺
悲哀的歌声?

骤雨突然来临,
夜莺还在歌唱。

谁人听到这悲哀的歌声，
他亦会为此心碎。

褐发姑娘啊，倘若你还没有睡着，
那么你就听一听这鸟儿的歌声吧；
这鸟儿是我的爱情，
是我叹息的灵魂。

1846 年 10 月 1—7 日，切克

**点评**：爱情的真正表白。

## 你喜爱春天……

你喜爱的是春天，
我喜爱的是秋季。
春天是你的生命，
秋季是我的生命。

你那红扑扑脸庞，
是春天盛开的玫瑰。
我那倦怠的眼神，
是秋季疲惫的阳光。

倘若我必须往前
再跨出一步；
那么，我就要

迈进冬日寒冷的门槛。

可是，你往前走一步，
我往后退一步；
那么，我们就共同
进入美好、热烈的夏天。

1846年9月1—7日，切克

**点评**：美好的爱情诗。

## 我梦想着流血的日子……

我梦想着流血的日子，
那时将把旧世界摧毁，
然后在旧世界的废墟上，
建立起一个崭新的世界。

吹响起来吧，吹响起来吧，
嘹亮的战斗的号角！
我喧嚣的灵魂，
正等待着战斗的信号。

我将满怀兴奋的心情，
跨上我的战马的鞍座，
迅速地奔驰在
勇士们的队列中间。

倘若我的胸膛被砍伤，
将会有人替我包扎，
也将会有人用吻的唇膏，
治愈我的创伤。

倘若我成了俘虏，
将会有人来到阴暗的牢房，
用她明亮的启明星般的眼睛，
为我驱散牢房里的黑暗。

倘若我死了，我死了，
无论是在刑场，或者是在战场，
将会有人用她的眼泪，
把我尸体上的血迹洗掉！

1846 年 11 月 6 日，贝尔克什

**点评**：为自由而战的战士的爱情观。政治抒情诗。

## 小树丛颤抖着，因为……

小树丛微微颤抖着，
因为小鸟飞落树上。
我的心也在颤动着，
因为我想起了你，
我想起了你，
娇小玲珑的姑娘，

你是这个伟大世界
最珍贵的金刚石。

多瑙河涨水了，
也许就要奔流而去。
在我的心中，几乎
充满了抑制不住的冲动。
你爱我吗？我的玫瑰！
我的爱是如此巨大，
连你父母对你的爱，
也比不上我对你的爱那么深沉。

当我们共同在一起时，
我知道你是爱我的。
那时候正是炎热的夏天，
现在已是冬季，天气寒冷。
倘若你不再爱我，
愿上帝祝福你，
但是，倘若你仍然爱着我，
愿上帝赐给你一千倍的祝福！

1846 年 11 月 20 日之后，佩斯

点评：爱情，美好的结合；诗人丰富想象的凸现。

## 永不消逝的灵魂

我坚信，灵魂永远不会消逝，

它也不会走向另一个世界，
它就留在这里的大地上。
它在大地上游荡。
我记起来了，他们中间有：
在罗马，是卡斯乌斯①，
在瑞士，是威廉姆什②，
在巴黎，是卡米列·德斯姆朗③，
在我们这里，也许是什么人。

1846 年 11 月 20 日之后，佩斯

**点评**：渴望为自由而战斗。

## 让我烦恼的一个念头

一个思想在烦扰着我：
我躺卧在床上，躺在枕头上死去！
如同一朵鲜花，慢慢地凋谢，
蛀虫在秘密地咬啮着花心；
如同一支蜡烛，慢慢地消融，
留在房间里的是一片空虚。
别让我这样死去，
别让我这样死去，我的上帝！
我宁愿是树，任凭雷电的轰击，

---

① 卡斯乌斯，罗马共和主义者，与布鲁塔斯合谋，杀死"独裁者"凯撒。
② 14 世纪传说中的瑞士爱国志士。
③ 卡米列·德斯姆朗（1760—1794），法国革命者，是法国大革命时期著名人物。

或者暴风雨将它连根拔起；
我宁愿是岩石，从山巅滚落到深谷里，
发出惊天动地的雷鸣……
倘若一切被奴役的人民
摆脱桎梏，向原野走去，
红扑扑的脸庞，高举鲜红的旗帜，
旗帜上书写着这样神圣的口号：
"全世界的自由！"
人们呼喊着这一口号，
口号从东方响彻西方，
他们正在同暴君进行搏斗：
让我在那里死去吧，
在战斗的原野上，
血，从我年轻的心脏往外流淌，
嘴上发出了最后的愉快的话语，
让我跨上战马，军刀铿锵响，
军号嘹亮，大炮轰鸣，
飞驰的骏马，
踏着我的尸体，
飞报胜利的信息，
把我践踏得粉身碎骨。——
倘若到了进行伟大葬礼的日子，
必然会把我的尸骨装殓，
就在那里，在庄严、缓慢的哀乐声中，
伴随着覆盖旗帜的灵柩，
把在战斗中死亡的英雄们，
送进共和国的坟墓安息！
神圣的世界自由啊！

>　　他们是为了你
>　　而牺牲了宝贵的生命！

1846年12月，佩斯

**点评**：充分表现出一位为自由、为建立新世界而战斗，不惜牺牲个人一切的战士的胸襟和精神。

# 一八四七年

## 自由,爱情!

自由,爱情!
这两者我都需要,
为了我的爱情,
我可以牺牲我的生命;
为了自由,
我可以牺牲我的爱情。

1847 年 1 月 1 日,佩斯

**点评**:既是诗人真诚的表白,更是自由革命者的神圣誓言。

## 我的一位朋友是青春

我的一位朋友是青春,
我知道,他迟早要离开这里,

到别处去，
我挽留不了他。
噢，上帝！
留下来的是我自己。

我担心，从此以后，
姑娘不会再爱我，
或者，如果姑娘爱我，
我已经不懂得爱情，
虽然她用眉目传情，
但一切都是徒然。

我担心，从此以后，
我真的不再仇恨，
也许我不会成为坏人，
但这又有什么用？
如果饥寒迫使
我走上坏人的道路。

如果我的青春已经消失，
只留下这两样东西；
可以想象，
我对它们应当作何评价，
那就是全身心地
去爱和恨。

1847年1月，佩斯

**点评：** 爱与恨，诗人对青春的理解。

## 男人要有男人的模样

如果你是个男人，应当像个男子汉，
不要当个卑贱、软弱的傀儡，
听从主人的意志和情绪，
任从命运的来回摆布。
命运是只只会狂吠的懦弱的狗，
面对勇敢的人，
它就会夹着尾巴逃跑，
因此你不必害怕。

如果你是个男人，应当像个男子汉，
不过不要仅仅挂在嘴上，
尽管比起德莫斯特尼①的演说
还要出色。
建设或者毁坏，如同风暴那样，
如果你完成了你的创作，就应当沉默，
如同风暴那样，当你完成工作之后，
就应当无声无息地消逝。

如果你是个男人，应当像个男子汉，
有你自己的原则和信仰，
哪怕你马上要付出血的代价，

---

① 德莫斯特尼（公元前384—322），古希腊著名演说家，现存演说61篇，是古代雄辩术的典范。

也要把它宣示出来，
即便你能长命百岁，
否定它们也就等于否定你自己；
如果留下的是诚实，
你不应当害怕失去生命。

如果你是个男人，应当像个男子汉，
即便是为了全世界的财富，
你也不要把
独立作为商品出卖，
请牢牢记住，不要
为了一口好吃的饭出卖你自己。
"贫穷，但要独立！"
这应当成为你的口号。

如果你是个男人，应当像个男子汉，
只要你坚强、勇敢、强有力，
那么，请相信，
任何人、任何命运都不敢轻易损害你。
你应当像橡树那样，
暴风雨虽然能把你连根拔起，
但却不能把你
高贵的腰身弯曲。

1847 年 1 月，佩斯

点评：革命者的勇气与担当。

## 宫殿与茅屋

你，宫殿，为何如此傲慢？
是否是借助于你主人的荫蔽？……
你主人身上的钻石，
只是掩盖他的裸露的心。
你要是把仆人给他悬挂的
璎珞扯下，
你就不会认识上帝的创造物，
他留下的只是那样的贫困。

你的主人从哪儿获得财宝，
使他从一无所有变得富有？
那是老鹰撕碎小鸟，
靠小鸟的血喂肥自己的地方。
当老鹰欢乐地饱餐时，
在邻近树丛的窝巢里，
雏鸟正在哭泣，等待
它们至今未归的妈妈。

骄傲的宫殿，你炫耀自己吧，
炫耀你那偷来的珠宝的光辉，
闪耀吧，相信你闪耀不了多久。
你的日子已经屈指可数。
我希望，愈快愈好
就能看见你的废墟，

在废墟下，
是你卑贱的居民破碎的骸骨。

你，作为高贵宫殿邻居的
茅屋，为什么表现得如此谦逊？
为什么躲藏在树叶茂密的树丛后面？
难道是为了遮盖自己的贫困？
矮小黑暗的房间，请允许我进去吧，
我不需要美丽的衣裳。
但是，一颗美好的心在黑暗的房间里，
一定会迅速找到亮堂堂的心。

噢，神圣的门槛，
我踏进去的是神圣的茅屋的门槛，
因为这里产生许多伟大人物，
上帝派到这里的救世主；
凡是出自茅屋的人，
他都甘愿为世界奉献自己，
然而，人民还是处处
遭受轻视和贫穷。

可怜的善良的人们啊，不要害怕！
比这更幸福的时刻也会朝你们走来；
倘若过去和现在的时光不属于你们，
无限的远景必将归于你们。——
我向大地跪下，
就在这狭窄的，但却是神圣的屋檐跪下：
你们给我以祝福，而我也

向你们奉献我的祝福!

1847 年 1 月,佩斯

**点评:**立场分明,意志坚定地站在人民大众一边。

## 狗之歌

在乌云密布的天幕下,
风暴在怒吼;
冬季的双生子,
雨和雪在飘泻。

我们为什么要为此担忧呢?
厨房的角落是属于我们的,
我们仁慈的好主人,
就把我们安置在这里。

我们用不着为生活担忧,
倘若我们的主人吃饱喝足,
在餐桌上剩下的,
全都属于我们自己。

不错,有时皮鞭
也噼噼啪啪地落在我们身上;
挨皮鞭是痛苦的,
不过,狗皮很快又完好如初。

等到我们主人的愤怒平息，
他又会把我们呼唤到他身旁，
我们又幸福地
舔仁慈的主人的大腿。

1847 年 1 月，佩斯

**点评**：甘当奴隶，就失去自由。

## 狼之歌

在乌云密布的天幕下，
风暴在怒吼，
冬天的双生子，
雨和雪在飘泻。

我们居住在
荒凉的草原上；
那里既没有灌木丛，
更没有我们可以躲藏的地方。

在这里，外面的世界是寒冷的，
而我们又是饥饿难忍，
寒冷和饥饿在追逐着我们，
无情地折磨着我们。

还有第三个，

那就是填满弹药的武器。
我们鲜红的血液，
就滴撒在雪地上。

我们既寒冷又饥饿，
还受到射击的威胁，
我们的处境异常困苦，
不过，我们毕竟是自由的。

1847 年 1 月，佩斯

**点评**：战斗、自由，战士的本色不畏强暴。

# 致十九世纪诗人

任何人都不要轻易地
拨动他的琴弦！
现在，谁人拿起七弦琴，
他必然肩负起巨大工作。
倘若除了你自己的悲痛与欢乐，
你再不会歌唱别的：
那么，这个世界并不需要你，
因此，你不如将神圣的琴推开。

如同摩西①从前带领人民一样，

---

① 见《旧约·出埃及》，摩西带领以色列人逃离埃及，前往迦南时，上帝用火柱为他们照亮道路。

我们现在也在荒漠里流浪,
他们遵循着
上帝派送来领导的火炬行进。
在新时期里,上帝指定
诗人作为这样的火炬,
让他们带领
人民奔向迦南。

既然如此,谁要当诗人,
他就得同人民一道赴汤蹈火;
谁要是从手中抛掉人民旗帜,
诅咒就会落到他的头上;
谁要是因为怯懦或懒惰而落后,
诅咒就会落到他的头上;
当人民在流血流汗奋争时,
他却待在树荫下休息!

有那样伪装的预言家,
他们不无恶意地宣称:
我们可以停止不前了,
因为这里就是上帝允诺给人民的土地。
谎言,厚颜无耻的谎言,
千百万人对此予以驳斥,
他们强忍住饥饿,
过着失望的困苦的生活。

倘若在丰盛的篮子里,
人人都能拿到同样的一份;

倘若在权利桌子旁边，
人人都能占据同样的位置；
倘若精神的阳光，
照耀着所有房屋的窗台；
那么，我们就能说可以停下，
因为这里已经是迦南。

到那时就满足了吗？不，不能休息，
就是到了那时，也须要继续斗争——
也许，为了我们的工作，
生命不会不付出任何代价，
但是死亡将会用它那温柔、甜蜜的吻
闭上我们的眼睛，
让我们躺在丝绒榻上，周围摆满花圈，
然后将我们埋进大地的深处。

1847 年 1 月，佩斯

**点评**：为创造新时代而歌唱，是诗人神圣的使命。

## 致阿兰尼·亚诺什①

我把我的心奉献给《多尔弟》的作者，
热情的握手，火热般的拥抱……
诗友，我读了你的作品，

---

① 阿兰尼·亚诺什（1817—1882），19 世纪匈牙利著名诗人。1846 年，他创作了长篇叙事史诗《多尔弟》。裴多菲对此大为赞赏，并从此俩人结成莫逆之交。

我的心充满了巨大的美妙的感觉。

倘若我的心接近了你，你会发现它在燃烧：
对此我无能为力，……是你使它燃烧起来的！
你从哪儿找到如此多美好的词句，
使你的作品闪耀着华丽的光辉？

你究竟是什么人？突然如同火山般
从海洋深处一下子喷发出来。
别人只配得到常春藤的一片叶子，
而对你必须立即送上整个桂冠。

谁是你的老师？你在哪里上学？
竟然如此娴熟地弹奏你的琴弦。
在学校里是学不到这些的，
只有大自然才会教会你。

你的歌如同平原上的钟声一样单纯，
也如同平原上的钟声那样纯洁。
它的声音响遍整个平原，
世界上的噪音也掩盖不住它的声音。

这才是真正的诗人，他让
他胸怀上苍的甘露滴到人民的嘴唇。
可怜的人民呵！灰蒙蒙的视野，
使他们偶尔透过云层才看到蓝天。

倘若别人不来减轻他们的巨大痛苦，

那么，我们诗人就来抚慰他们，为他们歌唱；
要让我们每一首歌都是一次次慰藉，
成为他们的硬板床上的甜蜜的梦境。

这样的思想在我脑际巡回，
当我走上诗歌圣山的时候，
我那并非不荣耀的开始，
我的朋友，你将以你的完整的荣耀继续下去。

1847 年 2 月，佩斯

**点评**：遇到了知音，并从此结下深厚友谊，留下一段佳话。

## 我是匈牙利人

我是匈牙利人。我的祖国
是五大洲广阔地域上最美丽的国家。
它是个小小的世界。
它拥有数不尽的富饶宝藏，
站在那里的山峰上，可以
俯瞰卡什比海①汹涌的波涛。
那里的平原，仿佛在寻觅大地
的边沿，远远地往前延伸。

我是匈牙利人。我性格严肃，

---

① 指地跨欧亚两洲的咸水湖——里海。

犹如我们小提琴奏出的第一个音符。
我的嘴角显露出微笑，
但很少听到我的笑声。
如果我脸上露出最愉快的神色，
我会在高度兴奋中号啕大哭；
但当我愁苦时，我脸上却显得轻松，
因为我不愿意接受人们的怜悯。

我是匈牙利人。我骄傲地
俯视逝去的海面，看见了
高高伸向天空的岩石，
那是你冠军的行为，我的民族，
我们在欧洲的舞台上表演过，
我们并不是最渺小的跛脚的角色；
大地会因为我们出鞘的宝剑而颤抖，
如同孩子们害怕黑夜里的闪电。

我是匈牙利人。现在，匈牙利人怎样啦？
他成为失去光荣的蒙眬的幽灵。
刚刚出现，很快便没入墓穴的
深处——只要钟声一响，便消失得无影无踪。
我们沉默不语！我们几乎
没有把我们的声音送到我们的邻居，
我们自己的兄弟，也为我们准备
哀悼和耻辱的黑色丧服。

我是匈牙利人。羞耻使我脸上发烧，
我不得不感到羞愧，因为我是匈牙利人！

我们这里黎明还没有到来，
虽然别处已经是阳光灿烂。
但即便为了世界上任何财富和荣誉，
我也不放弃我出生的土地，
因为我热爱、真诚地热爱我的祖国，
为在耻辱中的我的民族祈祷！

1847 年 2 月，佩斯

**点评**：用最美好的话语讴歌祖国，表现出爱国诗人的真挚情感。

## 蒂萨河①

那是一个夏日的黄昏，
我伫立在蜿蜒的蒂萨河边，
小托尔河②在那里急忙地向它奔去，
如同孩子奔向母亲的胸怀。

水面是那样地平静，那样温顺，
河水缓慢地在无边无际的河床上流淌，
不愿意让太阳的光辉，
在它的波纹上颠踬。

在平滑如镜的水面上，

---

① 匈牙利第二大河，横贯南北，两岸是富饶的大平原。
② 蒂萨河的一个支流。

殷红的光辉（如同无数仙女）在跳舞，
如同微小的马刺的响声，
几乎听到她们脚步的声音。

我站立的地方是地毯般的一片黄沙，
它向田野扩展开去，
田野上是一行行收割了的草垛，
如同躺卧在书本里的行行字句。

草原过去，是肃然无声、
耸立的高大的树木，林子里一片蒙眬。
但是黄昏把炭火撒在它的头上，
它的血液如同在燃烧和流动。

在另一边，在蒂萨河对岸，
生长着榛树和五光十色的金雀花，
透过树枝和花茎中间的一线缝隙，
可以眺望远处小村子里的教堂钟楼。

在幸福时刻的美好的记忆里，
玫瑰般的云彩飘逝在天空上，
从最遥远的地方透过雾霭，
马尔莫罗什山峰①沉思般注视着我。

听不到任何喧哗，在严肃的寂静里，
偶尔有只鸟儿啾啾鸣叫，

---

① 是在匈牙利境内的喀尔巴阡山脉的一个高峰。

远处磨坊的喧嚣声，
也仅仅如同蚊子嗡嗡叫声。

那儿，就在我对面，
走来一个农村少妇，手里端着水罐，
她把水罐灌满水之后，
看了看我，然后匆匆离去。

我不声不响、一动不动地站在那里，
仿佛我的脚在地上生了根，
我的灵魂被来自大自然美丽的、
甜蜜的深深迷人眩晕所陶醉。

噢，大自然，光荣的大自然啊！
什么样的语言能够同你竞赛？
你是多么伟大啊！你愈是沉默，
愈是比你说的更多、更美好。

深夜，我回到了农舍，
用新鲜水果准备晚餐，
我同我的同伴促膝长谈，
我们身旁燃烧着篝火。

在交谈中，我对他们说道：
"可怜的蒂萨河呀，你们为什么要伤害它呢？
你们高声地说了它那么多坏话，
其实，它是世界上最温顺的河流呀！"

过了几天之后,在我微微入睡时,
突然被报警的钟声所惊醒,
听到"发大水啦!来洪水啦!"的一片喊声。
我朝外一看,看到了一片汪洋大海。

如同疯子挣脱了身上的锁链,
蒂萨河迅速地漫过草原,
喧嚣着、咆哮着冲破堤岸,
它要吞噬这个世界。

1847 年 2 月,佩斯

**点评**:热爱祖国,就是要赞美祖国大好河山,赞美母亲河——蒂萨河。

## 云 彩

倘若我是鸟儿,
我永远在云彩中间翱翔,
倘若我是画家,我不画别的,
只是画画云彩。

我是如此地喜欢云彩,
每当云彩飞临,我向它们表示欢迎,
当它们逝去时,我就对它们说:
愿上帝祝福你们!

噢，它们是我的好朋友，
这些五彩缤纷的天上的流浪者。
我已经跟你们如此熟悉，
或许你们都知道我想些什么。

我是那样多次地注视着它们：
如果它们在黎明和黄昏的怀里，
美好地轻盈地微微入睡，
如同躺在母亲怀里天真无邪的小孩。

我看到它们，倘若它们来了，
如同怒火满胸膛的野蛮的汉子，
携带着暴风雨，同暴君们
进行生与死的搏斗。

我看到它们，倘若是彻夜不眠
的月亮，如同生病的青年，
那么，它们就用暗淡的脸色，
如同一群忠实的姐妹围在月亮身边。

我已经看到了，它们尽其所能
的一切变化；
无论什么时候、什么情况下看到它们，
我永远地同样喜欢它们。

为什么我对它们如此倾心？
因为它们同我的心灵相通，
总是变幻出新而又新的形象，

依然像从前那样变幻无穷。

对我来说，云彩会出现另一种
相似的情况：
那就是，它们在我眼里
是泪花和闪电。

1847 年 2 月，佩斯

**点评**：诗人拥有无限的丰富想象力。

## 风

今天，我是低声细语温柔的风，
在绿色的田野上下地漫步，
我可以把吻置于花蕾的嘴唇，
我甜蜜的热烈的吻是忠实爱情的保证。
"绽开吧，绽开吧，春天美丽的姑娘！"
我悄悄地对她们说："你们开放吧！开放吧！"
她们娇羞地脱下衣衫，
我欢悦得昏迷在她们美妙的胸膛。

明天，我将发出吼声，疯狂地吹着，
树丛在我面前发抖，因为害怕我，
它看见我手中握有刀子，磨得锋利，
它知道这把刀子将要削去它的叶子，
我对着花朵的耳边嘶叫着：

"愚蠢的轻信的姑娘们，快快凋谢吧！"
她们果然就在秋的怀抱里枯萎，
而我就对她们发出冷冷的讽刺的笑声。

今天，我是温柔的微风，
像静静的河流在寂静中在空气里飘游，
只有小小的蜜蜂知道我的存在，
它从草地带着疲倦的身躯返回蜂窝；
倘若小蜜蜂负重艰难地飞行，
它肩负着酿蜜的重任；
我于是就把这小小的虫儿托在手掌上，
帮助它减轻一点点疲惫的飞行。

明天，我将是暴风，怒吼呼啸的暴风，
我骑着凶暴的烈马越过大海，
如同老师对付淘气的孩子，
生气地抓着大海暗绿色的发卷。
我跨越大海时，倘若遇到一艘船：
我就撕扯它的翅膀和飘舞的风帆，
我用桅杆在波涛上书写它的命运：——
它再也不能在海洋里歇息。

1847 年 2 月，佩斯

**点评**：艺术地描绘出风的各种形态和力量。

## 以人民的名义

人民要求什么？现在你们就必须给他们！
难道你们不懂得：人民是多么地可怕？
倘若人民起义，那就不是要求，而是夺取！
难道你们没有听说过多热·久尔吉①的名声？
他曾经被绑在烧红的铁座上烧死，
但火烧不掉他的精神，
因为他本身就是火，你们可要留心！
这把火焰会再次烧掉你们。

从前，人民只希望吃饱肚子，
因为那时他们只是动物一般；
但是，他们终于从动物变成人，
因此就要有与人相称的权利。
所以，就要把人的权利还给人民！
因为没有权利就是打在上帝创造的
人的身上最丑陋的烙印，
他就脱逃不了上帝的惩罚。

为什么你们享有特权？
为什么权利仅属于你们？
你们的祖先找到这块土地，
但浇灌在这块土地上的是人民的汗水。
仅仅说：这里有矿藏，又有何用，

---

① 多热·久尔吉是1514年匈牙利农民大起义领袖。起义失败，他被统治者置于灼热的铁座上活活烧死。

需要用手去挖掘，
当矿藏露出地面的时候……
难道这双手就毫无功绩可言？

你们骄傲地宣称：
"祖国属于我们，权利也属于我们！"
倘若敌人向你们发动进攻时……
你们将作何举动？
这就是我要问你们的！
我几乎忘记了你们在久尔①的勇敢表现；
什么时候，你们要为那些许多英雄
在那里逃跑的腿竖立一座纪念像？

给人民以权利，以人类伟大神圣的
名义，给人民以权利，
同时也以祖国的名义；倘若祖国
不赢得新的擎天柱，它就会倒下。
那宪法的玫瑰是属于你们的，
你们却把玫瑰刺掷给人民；
现在，把几片玫瑰花瓣给我们，
你们把其余的带回去。

人民要求什么？现在你们就给他们什么；
难道你们不懂得：人民是多么可怕？
倘若人民起义，那就不是要求，而是夺取！
难道你们没有听说过多热·久尔吉的名声？

---

① 1809年，匈牙利贵族率领军队站在奥地利王室一边与法国拿破仑军队作战，结果大败于久尔城。

他被绑在烧红的铁座上烧死，
但火烧不掉他的精神，
因为他本身就是火，你们可要留心！
这把火焰会再次烧掉你们。

1847 年 3 月，佩斯

**点评**：反对封建贵族制度的檄文。

## 战争曾经是……

战争曾经是我毕生
最美好的思想，
战争，是为了自由
而流淌的心脏的血。

世界上有种神圣的东西，
为了它，我们无愧于拿起武器，
去挖掘我们的坟墓，
为了它，我们须要流血牺牲；

这神圣的东西就是自由！
那些为了别的东西
而牺牲生命的人们，
全都是疯子。

给世界以和平，和平！

但不要来自暴君的恩赐，
和平只能来自
自由神圣的手。

倘若普遍的和平，
出现在这个世界上，
那时，我们就把我们的武器，
抛掷进大海的深处。

但只要时候不到，我们就
手执武器直到死亡！
哪怕战争持续到
世界的审判日！

1847 年 3 月，佩斯

**点评**：诗人再次发出为自由而战的呼喊。

## 我为什么还要想念她……

我为什么还要想念她？
就是因为我遭受折磨？
我连她的消息都听不到，
更说不上她捎来信息。

噢，这么快就忘记，
难道能这么快就忘记吗？

那更有可能的是，
她从来就没有爱过我。

我坚信：不是言语，
而是眼睛说出真相。
我相信这一点，
而我的信赖却没得到应有结果。

我信赖的眼睛，
曾经说出过爱……
你应当感到羞愧，羞愧，
过于轻信的孩子！

现在，一切都没有了，
如同把她忘却一样。
我记忆的宝藏，
从此在我心中消失。

我是个水手，在风暴来临时，
把一切都抛入大海，
好让空荡荡的船上
拯救生命。

1847 年 3 月，佩斯

**点评**：等待爱的信息的急迫心情。

## 我过去的爱情是什么

我过去的爱情
是什么?
它无数次是眼泪的溪流,
上面荡漾着一只轻盈的小舟,
舟上的水手是我的灵魂,
我驾驭小舟的灵魂在叹息。

我过去的爱情
是什么?
它是焦虑的森林,
在密林中间,
狼在嗥叫,
蝙蝠发出吱吱的尖锐声。

我过去的爱情
是什么?
它是没有受过教育的孩子,
他在追逐蝴蝶,
上气不接下气地追逐着,
直至跃进沟坎里。

我过去的爱情
是什么?
是死亡了的希望的眼罩,
是用暗淡的悲伤所编织,

或者是红色的车子，
人们用它把我带上刑场。

我现在的爱情
是什么？
它是玫瑰树上的鸟巢，
我在里面愉快地歌唱，
倘若它受到暴风雨摧残，
我就飞离而去，另筑窝巢。

1847 年 3 月，佩斯

**点评**：爱情是充满幻想的，这也正是爱情诗的艺术魅力。

## 牧童，脱下你的斗篷

牧童啊，脱下你的斗篷，
雷电会怜悯你的脊背的；
你瞧，小溪已经解冻，
陪伴它的是温暖春天的来临。

小溪从村边流过，
雪白的胸脯胀得鼓鼓的，
胀得鼓鼓的，一副快快乐乐的模样，
甚至上苍也从蓝天低下头瞧它一眼。

小山雀儿飞往何方？

夜莺呵，你来自何方？
我不关心你从哪里来，
只要你在歌唱，树丛的笛子。

小园子里的树变绿了，
如同树上长出了羽毛，
长出绿叶的树啊，你千万不要飞走，
好让我同我的姑娘并排坐在树荫下。

姑娘呵，为什么要走进铺子里去？
也许你想去买巴林卡①吗？
但是，田野出售更好的白酒，
那是免费供应，由百花酿造的美酒。

1847 年 3 月，佩斯

**点评**：民歌体爱情诗。

## 光　明

矿井是黑暗的，
但矿里却有灯光。
夜是黑暗的，
但天空却有繁星闪烁。
人的胸膛是黑暗的，

---

① 由李子等水果酿成的白酒，是匈牙利著名的烈性酒。

里面没有灯，也没有星星，
哪怕是一丝微微发亮的光线也没有。
可怕的理智啊，
你曾宣扬自己的光亮，
倘若你是光亮，
那就只要引领我们跨前一步！
我并不要求你透过另一世界的面纱，
透过裹尸布，
发射出你的光亮。
我不要问你，我将是什么？
我只要你说，我现在是什么？
为什么是现在的我？……
人生来就是为了自己，
就因为他自己已经是一个世界？
或者，他仅仅是
那巨大的锁链的一环，
巨大锁链的名字就叫人类？
我们到底是为自己的幸福而生，
还是为哭泣的世界而痛哭？——
过去曾有那么多人从别人胸膛那里
吸取鲜血，
只是为了自己的利益，
而并没有受到惩罚！
过去曾有那么多人为着别人的利益，
从自己的胸膛
涌流出鲜血，
而并没有得到奖赏！
反正都是一样：谁人

牺牲自己的生命，
不是为了奖赏，
而是有益于集体。
这究竟是有益或者无益呢？
这就是问题的关键。
它不是"是或者不是"的问题。
有谁为这个世界牺牲自己，
对世界是否有益？
那样的时代会不会来临？
那是坏人所要阻止，
好人所祈求的
普遍幸福的时代？
严格地说，
幸福究竟是什么呢？
人人都在寻觅，
难道就没有任何人找到答案？
也许，
我们称之为幸福的东西，
那就是千百万人的利益。
这全部的光线，只能
是一个新的太阳，它远自天边，
虽然遥远，但终有升起来的时刻。
尽管会出现这种情形，
尽管世界有了目标，
尽管上升的世界不断向目标前进，
直至最终达到目的！
但是，倘若我们
如同一棵树，树上

的花开了又凋谢；
倘若我们如波涛，波涛
汹涌后又平静下来；
倘若我们是石头，石头
被抛起来后又落下；
倘若我们是流浪者，他在往上爬，
攀上了山峰，又
再向下跌扑，
就这样直到永远；
上了又下，上了又下……
这是多么可怕的思想，可怕的思想！
从来不曾感到寒冷的人，
是不会受到这一思想困扰的，
他不知道：寒冷意味着什么？
跟这一思想作比较，
蛇就是炎热的太阳光，
它如冰柱般滑过我们鲜血凝固了的胸膛，
然后又缠住我们的脖颈，
穿过喉咙，窒息我们的呼吸！——

1847 年 3 月，佩斯

点评：哲理诗。诗人对世界，对人类未来的思考。

## 士兵的生活

"对我来说，皮靴实在太重，

皮鞭，却又太轻，
我还是穿上我的靴子
手里拿着军刀。
招募新兵的乐声奏响了，
我这就去应征入伍，哈、哈、哈！"

这件事你干得聪明；
我看，你已经恢复了理性。
上帝保佑，那是黄金般的生活，
我已经尝试过了，好得不能再好！
招募新兵的乐声奏响了，
老弟，快去应征入伍吧，哈、哈、哈！

士兵的生活一点也不辛苦，
从来不缺少吃和喝；
不仅如此，每隔五天
还发一次饷银。
招募新兵的乐声奏响了，
老弟，快去应征入伍吧，哈、哈、哈！

你只需每隔三天站一次岗，
而且每次只需八个小时，
倘若天气冷了，也不会冻着你，
你可以站在那里对着手呵气。
招募新兵的乐声奏响了，
老弟，快去应征入伍吧，哈、哈、哈！

清洁，是的，用不着必须保持，

干吗要为此大费力气？
不用担心，倘若你的裤子沾上尘土，
伍长会把它弹去。
招募新兵的乐声奏响了，
老弟，快去应征入伍吧，哈、哈、哈！

他们多么热爱人啊！
倘若你逃跑，他们就把你捉回去；
而当他们要把你夹起来处以鞭刑，
那么你就走吧，跑吧，随你！
招募新兵的乐声奏响了，
老弟，快去应征入伍吧，哈、哈、哈！

倘若到了服役期满，
那你可以得到一张退伍证，大大的！
你可知道，为什么会得到一张大大的证书？
那是因为，在家里你可以把它当作被子。
招募新兵的乐声奏响了，
老弟，快去应征入伍吧，哈、哈、哈！

1847 年 3 月，佩斯

**点评**：当过兵的诗人的亲身体会？

# 审 判

我翻开历史书，从头至尾读了一遍，

什么是人类的历史呢？它是一条血河，
从雾霭笼罩的礁石中间流出，
在漫长的时日里不间断地流淌至
我们的时代。
不要相信它已经停止。
它没有止息，直到流入大海。
这条长长的血河将注入血海，
我看见恐怖的日子将要临近，这是
至今世界从未见过的；
而现在的和平只不过是死亡前的宁静，
它常常是闪电后震撼大地雷鸣的前兆。
我看见了你的面纱，黑暗的神秘的未来，
点燃了预测的幽灵之火，
透过这一面纱，我看到你的存在，
我战栗、恐怖，与此同时，我又
感到欢悦和高兴。战争之神重又
披上战袍，手中紧握宝剑，
跃上坐骑，驰骋在遥远的世界上，
它呼唤各族人民进行殊死决斗。
那时，世界上将只有两个民族对立：
那就是善与恶，它们的争斗将
永远消失，善将获得胜利。
尽管第一个伟大胜利将在血海中出现。
这将是一次审判，
它是上帝通过预言家的嘴说出的允诺。
这将是一次审判，然后生活就要开始，
永远的祝福，为了得到祝福，
我们不需要飞往天堂，

因为天堂将降临大地。

1847 年 4 月，佩斯

**点评**：哲理诗。从对人类历史的沉思到预示世界美好的未来，鼓舞人民起来战斗。

## 我的第一次誓言

那时，我是个孩子，学校学生，
十五岁；学习对我来说，
无疑是个沉重的负担，
它日夜弄得我心烦意乱，
连在梦中也往往被它惊醒。
我多么希望从身上卸去这一负担，
不惜任何代价摆脱掉这一负担。
那时候，我已经爱上了你，
无比热忱地，如同现在一样，
亲爱的神圣的自由！——
我费尽心思：用什么办法
我才能挣脱锁链？……
演员们来了，我决定
参加他们的队伍，随同他们一道走，
哪怕世上的贫困用
双手把我拥抱，
哪怕父亲责骂，母亲的
泪水陪伴着我，

只要我得到自由和独立。
然而我还是走不成,
我的老师获悉我的叛逆意图,
就在出发的当天,
把我锁在房间里,
我成了囚犯,
直至剧团远离了我们居住的地方。
我哭泣、哀求、吵闹,但一切全都是枉然;
现在,我感到痛苦并不因为是当不上演员,
而是强制手段使我痛心,
它燃烧着我的心灵,
如同不可抑制的大火。
为此,我作出了第一次誓言,
在囚室里,我说出了伟大而神圣的宣誓,
我毕生的一个主要目标
就是:与暴力进行斗争。
现在,这一誓言在我面前仍然是
那样神圣,如同
我发出的那一瞬间,
让万能的上帝惩罚我,
哪怕是在另一个世界,
倘若我忘记这一誓言!

1847 年 4 月,佩斯

**点评**:与暴力抗争,争取自由,从少年起就深深扎根在诗人内心。

## 鲜　花

我来到田野漫步，
在那里的草丛中是鲜花的展厅，
鲜花啊，我美丽的花儿，
对我来说，你们是多么的可爱！
倘若我看到你们，如同看见姑娘，
我的心房在颤动，胸膛在膨胀。——
假如我死了，请求你们
在我的坟头上种满鲜花。

我坐在花儿身旁，
我同花儿在交谈，
我向花儿吐露爱情，
我问花儿：你爱不爱我？
花儿不吭声，但我相信，她是懂得的，
她很懂得我的语言。——
假如我死了，请求你们
在我的坟头上种满鲜花。

有谁知道：花香
不就是花儿的语言？
人们只是不懂得，
通过我们的嗅觉把花香传入灵魂中去；
只是闻到而没有听到进入
人体深处灵魂的声音。——
假如我死了，请求你们

在我的坟头上种满鲜花。

是的，花香就是
鲜花的语言，也是鲜花的歌儿，
倘若把我身体分成几块
送进坟墓，
我就闻不到花香，
只能听到这美丽的歌儿。——
假如我死了，请求你们
在我的坟头上种满鲜花。

花香啊，花的歌儿啊，
在坟墓里，都将成为我的摇篮曲，
就在这温馨的乐曲陪伴下，
我从春天入睡，
直到来年的春天，
我的灵魂就在梦中行乐。——
假如我死了，请求你们
在我的坟头上种满鲜花。

1847 年 4 月，佩斯

**点评**：鲜花永远与爱情做伴。

## 衣衫褴褛的勇士

我也会给我的诗歌

装饰着美妙的音韵和声律，
这样它就能够去拜访
团体社交的大厅。

但是，我的思想不是那些懒怠青年，
他们的生活就是娱乐，
把身体洗得干净，戴着手套，
然后出门去拜访。

宝剑不再出鞘，大炮不再轰鸣，
全部沉睡在生锈的梦中，
但是斗争仍在进行……
代替宝剑和大炮的是思想斗争。

我也站在战场上，
在你们士兵中间，我的连队！
我用我的诗歌作战，我的每一首诗歌
都是一个个善战的青年。

衣衫褴褛的青年，但全都是勇士，
他们作战勇敢，砍杀凶猛，
装饰士兵的是勇气，
而不是他们的衣衫。

我并不询问，我的诗篇
会不会活得比我更长久？
倘若我必须在这场战斗
中死亡，那就让它们一同死亡。

即使如此，它们仍然是一部神圣的书，
里面躺卧的是我死亡了的思想，
因为那是英雄们的坟墓，
他们是为自由而战死的。

1847 年 4 月，佩斯

**点评**：诗人笔下的诗歌，是争取自由的有力武器。

## 倘若我想起我亲爱的……

倘若我想起我亲爱的，
我的每一个思想都是一朵朵鲜花，
我在想念你啊，我的亲爱的，
我对你日思夜想，再无别的。

落日金色的余晖，
流连在山峦紫罗兰般的峰顶上，
亲爱的人离我远远的，
犹如那紫罗兰色的山峦。

为什么太阳东升西落？
倘若我是太阳，我就不走这条路线，
我要从西边升起，往东边落去，
因为我最美丽的姑娘居住在东方。

黑夜里星星升上了天空，

今天，仍然是那样特别的星星，
它穿上节日的衣服，
也许就因为它看见我的亲爱的人。

我什么时候能看到你，我的玫瑰？
你什么时候再一次靠近我的身边？
我什么时候看着你的眼睛，难道
要等到第七次的时候？

1847 年 5 月，佩斯

**点评：** 情感热烈的爱情诗。

## 火

我不愿意飞跑，
像柳树在沼泽里；
我不愿意燃烧，
像橡树在云的火焰里。

我需要火，让水留给
蛤蟆和鱼儿，
还有那跛脚诗人，
他们就像蛤蟆那样哇哇地叫唤。

你就是我身上的元素，火啊！……
我的一生常常受冻，

我可怜的身体快冻冰了，
但是，我的心灵永远是火热的。

来吧，美丽的姑娘，我爱着你，
来吧，我用我的热忱爱着你；
但不是逐人的苍蝇，在此情形下，
你就带着上帝的声誉走开。

唏，酒店老板，来杯酒呀！
我能喝纯正的酒；倘若是水，
那你就等着感谢：如果我把
酒瓶摔在墙上，而不是你的脑袋。

生活就是这个样子，
火热的姑娘，伴随着火热的酒……
我将要忘掉这样的生活，
歌儿也不可能留下。

你们是在说歌，但火热的歌，
因为舌头跑调了，
唱出来的歌，
毫无心头的火热。

我不愿意飞跑，
像柳树在沼泽里；
我不愿意燃烧，

像橡树在云的火焰里。

1847 年 5 月，佩斯

**点评**：诗歌、爱情应该像火般热烈。

## 我最美丽的诗篇

我已经写出了许多诗篇，
并不是每一首诗都毫无用处，
但是，为我赢得声誉的
最美丽的诗篇还在后边。

最美丽的诗篇将是：如果
我的祖国起来反抗维也纳，①
我就用闪闪发光的宝剑的锋刃，
在一百个心中写上：死亡！

1847 年 5 月，埃尔米哈伊发勒瓦

**点评**：彰显争取民族独立的思想。

## 在矿井里

我住在大地深处

---

① 指当时维也纳的统治者——奥地利哈布斯堡王室。

一千米的地方，
那里是古老的漫漫黑夜
居住的黑洞。
一盏小小的灯颤抖的光，
仰视着冷酷的夜的面孔，
如同鸽子看着老鹰。

那里距离鲜花和阳光
足有一千米，
足足一千米啊！也许
这儿离地狱已经不远；
难道说我已置身于地狱之中？
那里有撒旦的居所，
因而也有黄金大厅。

矿井的精灵，撒旦，财富的国王，
你给了我什么呢？
倘若我答应把我的心给你，
你会给我多少钱？
来呀，矿井的精灵，我们来做笔交易，
现在是个机会，在我有兴趣的时候，
或者现在做，或者永远不做。——

我等待着，等待着，但全都是枉然，
因为财富国王
仍然留在岩石的底层，
不肯出来。
那是为什么？为什么不肯现身？

因为它知道，我只是跟它调情，
我的心是不会出售的。

不，我的心是不出卖的，
这颗心是无价的，
它不会走到统治者
金库里去……
我要把财富与穷人分享，
他们居住在茅屋和露宿街边，
我要把财富无偿地分配给他们。

1847 年 5 月，纳吉巴纳

点评：诗人表明自己的诗歌是属于人民大众的。

## 在莫伊特尼平原上[①]

自从我跟我的亲爱的人分开，
她的面影就始终与我同在，
如同星星陪伴着三位东方的国王[②]，
炽热的爱情也伴随着我。

现在，爱情呀，星星呀，离开我吧！

---

① 地名，拉科治（详见下面《拉科治》一诗）也曾在此地为自由斗争进行最后一战。
② 《新约·马太福音》第二章记载，耶稣在伯利恒出生时，有三位东方博士来朝拜，据说他们就成了东方的三个国王。

我要去的地方对于你们并不适宜；
倘若你们不甘落后，那就披上面纱，
笔直地穿过战场。

这个平原就是战场，神圣的战场，
因为人们曾在这里为自由而战，
噢，孤独的自由啊，可恶的出卖者
从你垂死的手中夺去了武器。

在这里为祖国而战的英雄们
成了无家可归的流亡者，
而那些出卖祖国的恶棍
都成了老爷……我的心啊，你别为此而破裂。——

春天的下午，阳光明媚，
天空点点白云在飘游，
也许这朵朵白云就是一群天鹅？
或者是在这里战死的英雄的幽灵？

我周围一片寂静，我沉默着沉默着……
干吗我站在这里？为什么不往里走去？
最后，我终于说出了我最恐怖的诅咒，
哭着流下我最神圣的泪水。

1847 年 5 月 30 日，莫伊特尼

**点评**：再一次表示要为自由、民族独立而战斗的思想。

## 你是我的，我是你的……

你属于我，我属于你，
世界是属于我们的！
太阳高高地悬挂在我们头上，
远远地俯视着大地，
但是，至今目力所至，
还没有看到比我们更幸福的东西。

娇小的姑娘是我的玫瑰，
躺卧在我的胸怀里，
娇小的姑娘是我的玫瑰，
但是她的心灵是巨大的，
我的玫瑰的心灵是整个国家，
而且是神仙的国度。

倘若我想起了我的尤丽什卡，
在黑夜中我也能看到她，
光辉的眼睛，光辉的心灵，
无疑把世界全给了我；
倘若我面前有了这两根火炬，
我就能透视天国。——

亲爱的妈妈，你可记得？
当我还是孩子的时候，
我在我们家门前
的地上玩耍，

就在那里，我脑子里出现这样念头：
倘若我当上国王的话！

那时，妈妈你嘲笑我，
很有风趣地嘲笑我，
说你儿子的脑海里，
怎么会出现如此愚蠢的念头。
但是，上帝听到了我的话，
他帮助我当上了国王。

自从尤丽什卡属于我，
我就是国王。
不是在我头上，而是在我心上
戴上了我的皇冠。
尤丽什卡是我的智慧，
是我心灵的黄灿灿的金冠。

1847年6月1日，纳吉瓦罗德

**点评：** 奉献给妻子的美好诗篇。

## 世界是多么地美好！

从前，我是不是认为
生活就是诅咒？
我是不是如同夜间幽灵
在大地上漫游？

羞耻的火焰
把我脸上烧红！——
生活是多么地甜蜜，
世界是多么地美好！

我青年时代
恣意狂虐的暴风，
用它蓝色纯净的眼睛，
从天空朝下微笑，
如同亲爱的母亲，
对着她的孩子微笑。——
生活是多么地甜蜜，
世界是多么地美好！

每天，我都从我心中
消除掉一次痛苦；
好让我这颗心
重又成为绿色的花园，
里面盛开着
五彩缤纷的鲜花。——
生活是多么地甜蜜，
世界是多么地美好！

那个被我鲁莽驱逐的
我的自信，
又重新张开双臂
迎接我的灵魂，
如同远方

归来的朋友……
生活是多么地甜蜜，
世界是多么地美好！

仁慈的老朋友啊，
快快到我这儿来，
怀疑的眼睛，
再不会对着你们……
我已经把魔鬼的
家族赶跑……
生活是多么地甜蜜，
世界是多么地美好！

倘若我想起
我年轻的鲜花，
我褐发的姑娘，
在美丽的晨梦中，
那我就为她祷告，
她也会为我祷告。——
生活是多么地甜蜜，
世界是多么地美好！

1847 年 6 月 1—10 日，索隆托

**点评**：婚后的甜蜜生活。

## 残破的钟楼

在平原上有座古老的钟楼……
它的形象代表逝去了的世纪。

从前,这里的围墙骄傲地凝视着,
因为在废墟上仍保持着神圣的标记。

这神圣的标记就是自由的旗帜;
它在同猛烈的狂风做游戏。

红色的翅膀是飘动着的号召,
是从人的身体里流淌出的鲜血。

钟楼下聚集了许多年轻勇士,
他们身披的铠甲闪闪发光。

但是,手持武器,
比英勇更为闪亮。

"我们手持宝剑,直至
我们的耻辱或奴隶身份被粉碎!"

号角发出这样的轰鸣,
这声音是雷鸣的回响。——

它倒在坟墓里已有一个世纪:

钟楼也不再有旗帜,

自由的旗帜倒下了,
你们也睡着了,光荣的勇士,

他们宁愿在自由中死去,
也不愿意作为奴隶而活着。

钟楼孤寂地站在那里,
迟早它会倒下,成一堆废土。

难看的废墟,郁郁不乐的荒芜形象,
在它的围墙里谁也不会落脚。

只有逝去的世纪躺在那里,
深长而忧郁的寂静是它的面纱。

1847 年 6 月 1—10 日,索隆托

**点评**:缅怀逝去的先烈,应当继续为自由而奋斗。

## 我愿意是溪流

我愿意是溪流,
山间的小河,
在坎坷不平的路上,
从岩石中间穿过……

条件是，倘若我的爱人
是一条小鱼，
在我的水波里
欢快地上下嬉戏。

我愿意是座野林，
在河的两岸，
坚定不移地
跟暴风雨战斗……
条件是，倘若我的爱人
是一只小鸟，
在林子里
筑巢、歌唱。

我愿意是座城堡废墟，
在高高的山顶上，
对于这样悲痛的毁灭，
我只有感到轻松，
条件是，倘若我的爱人
是那里的常春藤，
伸开绿色的手臂，
攀沿上我的额头。

我愿意是间小小的茅屋，
在隐蔽的山谷里，
我那麦秆做成的屋顶上
经受着风吹雨打……
条件是，倘若我的爱人

是火，
在我的炉灶里，
缓缓地、但却是愉快地闪烁。

我愿意是朵云彩，
破碎不堪的旗帜，
在荒野上空，
疲惫地站着不动……
条件是，倘若我的爱人
是黄昏，
在我苍白的脸庞周围，
鲜艳地闪耀着。

1847年6月1—10日，索隆托

**点评**：比喻恰当、轻松、愉悦，是一首最富艺术魅力的爱情诗。

## 现在，我走在荒野上

现在，我走在荒野上，
即使为了上帝，也看不到鲜花，
在这片荒野上，甚至连
夜莺在上面歌唱的灌木丛也没有，
夜也是乌云密布，漆黑一团……
没有星辰暗示夜的来临……
即使如此，我仍然想起了你，

褐发的小姑娘，我心灵的情人！
我想起了你，我的情人，
现在，我是如此地高兴，
如同我来到你身边，
夜莺在歌唱，
我漫步在鲜花丛中，
天空布满了星辰。

1847 年 6 月 10 日，克勒什洛达尼

**点评**：爱情总会给有情人带来鲜花和歌唱。

## 又在嚷嚷什么？[①]

又在我耳旁嚷嚷什么？
又是谁在打扰我的宁静？
闭上你们的嘴，算是你们有运气！
现在，让我来教训你们这些草包几句。

批评的部队又起来了，
又再狂妄地朝我大肆喧嚣，
停止你们的高声嚎叫吧，
我的忍耐终归是有限度的。

或者你们已经忘记过去？

---

① 1846 年，裴多菲又出版新的诗集，那些保守的评论家又对他攻击，这首诗就是诗人对他们的回答和反击。

你们身上不发烧？脊背不发痒？
难道你们不想一想，在这之前
发生了什么事？你们又干了什么？

你们记得：我粗暴地教训过你们。——
都白费了力气，现在我的态度是：
倘若男人伤害我，我就要举起宝剑，
但倘若是犬吠，我只需举起皮鞭。

1847年6月14—30日，佩斯

**点评**：运用最严厉的语汇，反击那些恶意攻击者，显示诗人的勇气和胆识。

## 你愿意到我身边来吗？

在高高的天空，
你是星星，闪闪发亮，
在这里的地上，
你是一盏小小的油灯，
只是照亮
我的狭小的屋子；
姑娘，你愿意到我身边来吗？
"小伙子，我这就到你那里去！"

你是否听到
世界对我的议论？

你是否听到
他们朝我哇哇乱叫？
倘若消息是真的，那么
我就是个坏透了的人。
姑娘，你愿意到我身边来吗？
"小伙子，我这就到你那里去！"

你是你父辈传下的
唯一的永恒的光辉，
你怀着冷酷、荒漠的
夜来到人间，
怨愤、摇荡
如同两个魔鬼，同我们一起飘荡。
姑娘，你愿意到我身边来吗？
"小伙子，我这就到你那里去！"

1847年6月14—30日，佩斯

**点评**：民歌体的情诗。

## 树林里有鸟儿

树林里有鸟儿，
园子里有鲜花，
天空上有星辰，
小伙子有情人。

开放吧，鲜花！歌唱吧，鸟儿！
星辰呀，你闪烁吧！
姑娘绽开笑容，在歌唱，在闪亮……
树林、园子、天空，小伙子多幸福！

唏，花瓣凋谢了，
星辰落下去了，鸟儿飞走了，
但是，小伙子仍然留在那里，
他是最幸福的人啦。

1847 年 6 月 14—30 日，佩斯

**点评**：民歌体情诗，语言轻快、情感真挚。

## 傍　晚

如同枯萎的玫瑰，
太阳疲惫地低垂着脑袋；
如同树叶，暗淡的光线
带着悲伤的微笑四处散开。

我的周围是寂静的世界，
只有远处传来微小的晚祷钟声，
它是那样遥远、悦耳，如同来自
天上或者一个甜蜜的梦境。

我默默地聆听着。

噢，这梦幻般的钟声让我无限欢悦，
只有上帝知道，我为什么而感动，
只有上帝知道，我的思想在何处飘游。

1847年7月8日，狄奥什乔尔

点评：宁静的傍晚，无限的思绪。

## 在蒙卡茨城堡①里

兹里尼·伊伦娜②不就是在
这里竖起了鲜红的自由旗帜？
瞧呀，为自由而战的英雄们的家乡，
现在竟然成了奴隶们的居所。
除了打不破的石墙，再看不到别的，
除了锁链的铿锵声，再听不见别的，……
我能够勇敢地踏上绞刑架，
噢，但是这座监狱……它使我感到害怕。

一个年轻的俘虏高昂着骄傲的脑袋，
在那里的城墙上来回走动，
他那火焰般的目光投向远方，
他的思想究竟在什么地方？

---

① 详见1848年《拉科治》一诗。
② 兹里尼·伊伦娜（1643—1703），是拉科治·费伦茨二世的母亲，为反对土耳其苏丹军队的入侵，于1685年领导匈牙利军民进行了蒙卡茨城堡的保卫战，击退了敌人的进攻。

面对新来的客人,他怀着自信快步而行,
黑夜和锁链无法摧毁他的力量。
我能够勇敢地踏上绞刑架,
噢,但是这座监狱……它使我感到害怕。

在那里的另一个墙角里有个老囚犯,
他既不看这里,也不看那里,
缓慢地拖着枯瘦的身躯……
套在他身上的锁链,比他身体还沉重。
受损害的眼睛流露出死亡的目光,
如同刚从坟墓里出来的幽灵。
我能够勇敢地踏上绞刑架,
噢,但是这座监狱……它使我感到害怕。

年轻的囚徒啊,你瞧,树木复苏了,
倘若你出狱时,树林将是一片翠绿。
噢,从前,大雪将你覆盖,
掩埋你的还有困苦和悲哀。
而你,老囚徒,在这里等待着同你告别的,
大概只有锁链和生命。——
我能够勇敢地踏上绞刑架,
噢,但是这座监狱……它使我感到害怕。

从地底下传来轻微的呻吟,
如同磨得锋利的尖刀刺着我的心房。
离开,离开这里!在地面上,
这声音仍像疯子般缠住了我。
噢,倘若我将来进入坟墓,

灵魂和肉体的蛆虫将在我身上变得肥胖！
我能够勇敢地踏上绞刑架，
噢，但是这座监狱……它使我感到害怕。

1847年7月12日，蒙卡茨

**点评：** 在古堡废墟上产生的感慨与沉思。

## 炎热的中午……

外面的田野正是炎热的中午，
太阳如同火球般照射着大地。
这是个炎热的中午，鸟儿也在歇息，
疲惫的狗伸着长长的舌头走来走去。

两个年轻人在地头把禾草堆成垛，
两个少年捎来了水罐子；
唏，他们的样子并不是很高兴，
因为这时候的水罐子是沉重的。

此时此刻，最舒适的是国王，
或者说，是田野上的牛倌；
国王在金灿灿的睡榻上休息，
而牛倌就躺在他亲爱的人怀里。

1847年7月12日，贝勒格沙斯

**点评：** 寥寥数语，刻画出一幅农村素景。

## 宝剑与锁链

得到上帝的允许，
最漂亮的天使降临人间，
去寻找、追求
最最美丽的姑娘。
他找到了，爱上了。
从此，在他看来，
人间比天国更加美好，
也因此，他每天夜里
都降临到这位美丽姑娘身边。
他从一颗星星走到另一颗星星，
当他来到
最后一颗星星时，
就在那里跨上一只天鹅，
这只天鹅就把他带到姑娘身边。
姑娘在花园里等候着，
用贞洁的微笑迎接天使，
为此，花蕾绽开了，
凋谢的花儿
也重新复苏。
他们并排坐着交谈，
直到黎明的到来，
他们无所不谈，
谈话既美好又神圣。
姑娘低垂着眼睑，
倾听着辉煌的天使，

而当她抬眼望去，
眼睛里出现了那样的情景：
天使竟跪倒在她脚下，
要求给他一吻，
姑娘并不拒绝。
这是怎样的亲吻呀！……
当天使的嘴唇接触到
姑娘的嘴唇时，
整个大地也因为愉快而颤抖。
仿佛只有一颗心；
天空上，所有的
星星都成了一个个的铃铛，
奏出魔术般的声音，
而从来没有听到过如此美妙音乐
的鲜花，如同那么多的仙女
开始跳起舞来。
而月亮——也许羞红了脸的姑娘
正在凝视着它——也羞红了脸，
而黑夜也变成玫瑰色……
天使的吻结成美丽果实；
姑娘当上了母亲，
生下了孩子，
他是那样地值得颂扬，
只有当天与地拥抱时，
他才可能出生，
姑娘产下了宝剑，
而这宝剑……就是自由。

※　※　※　※

得到撒旦的允许，
最丑陋的魔鬼来到人间，
去寻找
最丑陋的女巫。
他找着了，爱上了她，
从此以后，比起地狱，
他更喜欢人间，
因为，每天夜里，
他都从地狱来到女巫身边，
每天晚上，他们
都来到火山口相会面。
那匹蛤蟆头、蛇尾巴、
火焰般鬃毛、龙爪子的
又大又墨黑的野马，
驼着魔鬼从地狱上来，
女巫在蝙蝠和
猫头鹰的陪伴下，
跨着长把扫帚
朝着火山口
而来。
他们并排坐着交谈，
直到雄鸡啼鸣，
他们无所不谈的话语仍在继续，
他们的谈话既丑恶又卑鄙。
魔鬼说："我开始冻得发抖了，
靠近我吧，再靠近一些，

让我们下到山底，
火焰的古老之家……
唏，在这里我还是冷、冷，
我的牙齿在打颤……
来呀，拥抱吧，接吻吧！"……
他们拥抱了，接吻了。
那是什么样的接吻呀……
当他们的嘴唇接触在一起的时候，
那是魔鬼和女巫的嘴唇，
大地也在发抖，
（他们的接吻）发出轰隆隆般雷声，
抱怨着，仿佛要把云彩吞没，
火山喷发了，
向天空喷发出
火雨和岩浆，
世界成了一片火海，
只有星星和月亮
用面纱罩住了面孔，
那面纱是浓密而又乌黑的云，
他们便什么也看不见。
魔鬼的吻使女巫受孕，
她成了母亲，产下一个怪物，
这样的怪物，只有
当大地与地狱相拥抱时，
才有可能产生。
这令人讨厌的怪物
被称之为锁链，
这个锁链……就是奴隶。

※ ※ ※ ※

天国和地狱的两个产物：
自由和奴隶，
宝剑和锁链，
在进行生与死的争斗，
长期地进行着争斗，
即使疲惫不堪，也不止息。
宝剑已经迟钝、破损了，
锁链也已破裂了。
我们稍稍等待一会儿，
过不了多久，我们就能知道：
它们中间哪一个是大地的主宰？
世界将是属于他们中间哪一个？

1847 年 7 月 14—27 日，沙特马尔

**点评**：通过民间传说故事，幻化出人间真善美与假丑恶对立、区分，并预示一场为了自由的战斗即将来临。

## 给我亲爱的人回信

来了，盼望的信终于来了！
上帝知道，我把它读了多少遍，
我还要一遍遍地读它，
直到所有的字母，
所有的标点符号，

如同星星般紧贴着我这颗永不变的心；
让它成为我能盛下一切的心，
里面包含着无数光辉的世界！
现在，我手里拿着这封信，
颤抖地吻着它，担心
我的吻是不是会亵渎它。
在我面前，信里每一行行字母
都是那样地神圣！……
噢，姑娘，你究竟是谁？你自己也不知道；
让我告诉你，你是谁和是什么。
当我从儿童时代的狭窄的峡谷
爬上青春的山巅，
我看到了我周围的广大世界，
它的美丽里包含着那样的富饶，
而在它的富饶里又包含着那样的美丽，
只要看到它的一丝一毫，
就能使人感到喜悦！
当我看见了这个世界，
我就叫喊起来：
"光荣，光荣的创造物！
我到哪里去寻找这位伟大的艺术家？
他创造出了这一切。
噢，上帝，你在何方？
我到哪里去寻找你？
我朝你跪下，向你祈祷！"
随后，我派遣我的智者，
让他走遍智慧的一切领域，
如同彗星在天空迅速地飞行，

在别的智者到过的地方，
或者不是走过，而是跑过的伟大的道路；
年复一年，他终于悲哀地
返回家乡，
悲哀，疲乏。徒劳地漂泊。
这时候，我跟你的见面是美好的，
美丽的姑娘，我爱上了你。
你在我面前敞开了你的胸怀，
而至今它从未向任何人坦露，
我在那里看到了我要寻觅的人，
仁慈和伟大的上帝就居住在你的胸怀，
是的，你或者就是上帝的居所，
在这之前和以后，你在哪里？
这我不知道，但是，
现在上帝就居住在你胸中。
为什么值得我看见他？
为什么这一幸福恰好落在我头上？
噢，是的，一定是我值得如此，
面对面地看见他，因为正是我
而不是任何人希望见到他。
但是，如果我不配
看到他；
那么，上帝将你给了我，
在你心中向我显示他的存在。
我的爱情是属于你的，无可分割地是属于你的，
这爱情是如此伟大！
从前，它曾经在仇恨中笼罩着世界；
而现在，爱情只配属于你，

从巨大仇恨变成的爱情，
唯一的是属于你的，
从乌云变成明朗的天空。
我的未来是属于你的，你命令它吧！
为了你，我抛弃我的一切愿望。
一切愿望……倘若还不够，
那么，比这更多的一切的一切：
只要你愿意，我也可以放弃
我的信仰；
这轻视和耻辱的标记！……
活着，我要记在脑海里，
死后，我要带到坟墓里去。
可是，你将不会要求我作此牺牲，
我知道，你将不会这样，
因为你喜爱的人，
你不会希望他的姓名留下耻辱的污点。
你甚至会鼓励我向前，
沿着我开始了的生涯。
我怎样生活，就会怎样死去，
既不会转身，也不会低头，
我的名声，
我自己不会使它消失。
我的后代将永远继承它，
如果不发扬光大，也将使它美好和清白。
也许，它可能成为伟大的姓名，
倘若你能给它添上你灵魂的光辉，
倘若你同我一道向平原飞驰。
噢，我亲爱的人，

缪斯也把你放进摇篮，摇荡着你。
但是，你不了解你自身的力量，
倘若你不相信自身的力量，
又有谁相信在斗争中的力量？
也许会更好，你离开了战场，
在战场上，命运会给我们以桂冠，
而你把桂冠变成我们那被扼杀的幸福的尸衾。
离开吧，你只管离开战场；
在我面前，你的可爱不会逊色；
在你暗淡的孤寂的阴影中，
如同你表面所显示的，
尽管感到惊异，
在公开的阳光下；
甚至，你的尊严更不会逊色，
如果你成为深广的大海，
只要如同小小的露珠，
在纯洁的玫瑰花环中闪烁。

1847 年 7 月 14—27 日，沙特马尔

**点评：** 向至亲的亲人表露自己的希望和目标。

## 太阳西下，正是时候

太阳西下，正是时候，
露水也已经降落，
星星也已经出现在高空，

午夜也将要在这里那里出现。

现在，我的尤丽什卡在做什么呢？
也许她正在合着她那双娇小的手，
做着祷告；倘若她在做祷告，
那我知道，她是为我祷告。

现在，我的尤丽什卡在做什么呢？
也许她早已入睡；
倘若她入睡了，她在做梦，
那我知道，她在梦见我。

倘若我的尤丽什卡
既没有入睡，也没有做祷告，
而是在想念，
那我知道，她是在想念我。

想念呀，想念呀！
想念是美妙的花枝！
你的想念
如同那美丽的星星。

难道说，尤丽什卡，
你的想念不是星星？
当你产生爱情的时候，
你必然会想念它们。

1847 年 7 月 14—27 日，沙特马尔

点评：深情的怀念，深深的爱。

## 被遗忘的旗帜

被撕裂、受嘲讽
的旗帜，孤寂地
站立在荒野上；
那是我替它效力的旗帜。
长时间的巨大的暴风雨，
把它弄成如此破烂不堪，
然而，在它残缺不全
的翅膀上，现在依然
看到上帝的存在。

愈来愈多的信徒，
聚集在这一神圣标志下面，
他们走向偶像面前跪下，
低头朝拜。
让他们走去吧！他们无愧于
同我们站在同一个行列。
如果说燕子轻易地
随同气候而迁移，
山鹰却不会做这种交易。

毫无装饰的残缺不全的标志啊，
它是多么富有魔力啊！
为了它，最值得称颂

的人物都愿死在它脚下。
这就表明，
真理就在于此；
尽管世界
都拥向上帝的神坛，
我依然坚定地站在这里。

1847 年 7 月，沙特马尔

**点评**：显然，这面旗帜对诗人而言，就是祖国和自由的象征。

## 诗　歌

噢，神圣的诗歌！
那些蠢人试图
抬高你的时候，实际上
他们是在污辱你，践踏你的光荣。
你的那些不合法的信徒宣称，
大言不惭地宣布你是宫殿，
是属于大老爷的、富丽堂皇的大厅，
只有那些穿着锃亮皮鞋的人
才配得上走进去。
住口，说的一点也不对，
诗歌不是高贵的客厅，
不是上层社会虚伪交往的场所，
让穿着华丽的人们进去信口开河；
不，诗歌的含义比这重要得多，

它的大门对幸福、不幸福的人都是敞开的，
任何人，只要他愿意进行祷告，
总而言之，诗歌是教堂，穿着草鞋、
甚至是赤足的人都可以自由地进去。

1847 年 8 月，沙特马尔

**点评**：诗歌是人民大众神圣的殿堂。

## 村子尽头有间酒家

村子尽头有间简陋的酒家，
它紧紧地依傍着沙莫什河①；
倘若不是黑夜即将来临，
就可以看到它仿佛躺在水中。

黑夜即将降临了，
世界也寂静下来，
渡船也在休息，它泊岸了，
船里是默默无声的黑夜。

但是，酒店里却是一片嘈杂，
琴声震耳欲聋，
小伙子们高声叫喊，
窗户也为之颤动。

---

① 沙莫什河是流经匈牙利东北部的蒂萨河的支流。

"老板娘，金色的鲜花，
快把最好的酒端出来，
它要比我祖父更老，
却要像我年轻的宝贝火热！

吉普赛人，快拉琴吧，
我要跟我亲爱的人跳舞，
直跳到我的钱花光，
直跳到我的灵魂出窍！"

这时，有人在叩窗户：
"喂，不要那样高声嚷嚷，
我主人这样吩咐说：
他已躺下，就要睡着。"

"让你的主人见鬼去吧，
你也同他一起进地狱！……
拉琴吧，吉普赛人，
哪怕我立即用我的衣衫付账！"

又有人来叩门了，说：
"请你们稍稍轻声些，
让上帝祝福你们，
我可怜的妈妈正在生病。"

谁也不予回答，
小伙子们喝光杯里的酒，
乐声也悄然停止，

他们也各自返回家。

1847 年 8 月，沙特马尔

**点评**：勾勒出一幅乡间生活画卷，真实、贴近生活气息。

# 荷马与峨相①

海林人与凯尔特人②都在哪里？
他们已经消失了，
如同两座城市，
被大海的夕潮吞没了，
只有塔尖还露出水面……
这两个塔尖就是：荷马与峨相。

他们一位是乞丐，
另一位是王子。
这是何等的区别呀！
但是，他们也有相似的地方：
他们两位都是盲人。
也许是他们灵魂炽热的火，
光荣的辉煌夺去他们的目光？

他们是伟大的智者，

---

① 荷马（约公元前 850 年）古希腊诗人，相传是史诗《伊里亚特》和《奥德赛》的作者。峨相，约公元 3 世纪爱尔兰的英雄和诗人，传说他的诗作来自仙境。
② 海林人和凯尔特人分别为古希腊人和古爱尔兰人的名称。

倘若他们魔幻般摆弄琴弦，
就如同奉上帝的旨意，
在世人面前创造世界；
这个世界令人惊异的美丽，
又同时令人惊异的伟大。——

你们在倾听荷马的歌声吗？
在他的歌声里，苍穹
展示出宁静欢乐的永远的微笑，
在那里，黎明的深红色、
中午光线的金黄色，
如此温顺地流注在
大海的金灿灿的波涛上，
以及大海中的绿色的岛屿上，
在那里，诸神和人类相互追逐，
在幸福的融合中谑戏，
噢，美妙的爱情啊！

你们在看那里的峨相吗？
在北海永远笼罩着大雾的土地上，
随同峥嵘岩石上空的暴风雨，
在无影无踪的夜里高歌。
月亮升起来了，
如同西下的夕阳，
是血一般的殷红，
把森林淹没进阴冷的光辉里，
一群群在森林中流浪的
是悲伤的幽灵，

他们是在战场上阵亡的骑士。

啊，乞丐的祖先，荷马，
在你的歌里，
处处是光明，处处是鲜花！
啊，国王的后代，峨相，
在你的歌里，
处处是黑暗，处处是荒凉！

然而，你们还是唱吧，
奏响上帝的琴弦，
荷马与峨相！
岁月已经
逝去，成百上千年；
它无情地践踏着一切，
噢，但在你们面前却恭恭敬敬；
枯黄的亡灵呼吸着一切，
只有你们花白脑袋上的桂冠保持长青！

1847 年 8 月，沙特马尔

**点评**：时光消逝，诗歌永在。

## 悲凉的秋风在跟树林交谈

悲凉的秋风在跟树林交谈，
轻轻地交谈，听不到声音；

它对树林说些什么呢?
树木只是沉思般摇晃着头。
这时候是午后和夜晚之间,
我舒适地躺卧依在长榻上……
我娇小的妻子深沉、安静地睡着,
她的脑袋紧靠在我的胸膛。

我甜蜜地微微入睡,
我这一只手感到她那温顺、起伏的胸脯,
我另一只手里是我的祈祷书:那是
自由战争的历史①!
每一个字母都如同彗星般
从我灵魂的上空飞驰而过。
我娇小的妻子深沉、安静地睡着,
她的脑袋紧靠在我的胸膛。

在金钱引诱和皮鞭驱使下,
奴隶们会替暴君去打仗;
而自由呢?为了赢得它一个微笑,
所有它的追随者都会走向战场,
如同从美丽姑娘手中接过鲜花,
心甘情愿地接受创伤和死亡……
我娇小的妻子深沉、安静地睡着,
她的脑袋紧靠在我的胸膛。

噢,神圣的自由呀,多少宝贵

---

① 大概是《法国革命史》,是诗人及其朋友研读的一部书。

的生命为了你而死亡,这有什么意义?
倘若现在没有,将来一定会有,
在即将到来的斗争中胜利必将属于你,
你必将为死去的人们复仇,
而这种复仇将是可怕的……
我娇小的妻子深沉、安静地睡着,
她的脑袋紧靠在我的胸膛。

在我面前飘荡着流血的场景,
那是未来时代的景象,
自由的敌人必将在
他们自己的血海中沉没!……
我的心如同一声小小雷鸣般跳动,
闪电从我头顶上飞驰而过。
我娇小的妻子深沉、安静地睡着,
她的脑袋紧靠在我的胸膛。

1847 年 9 月,卡尔托

**点评**:沉醉在甜蜜的爱情时光,仍不忘记神圣的为自由而战的伟业,这正是诗人政治抒情诗的意义所在。

## 九月末

园子的鲜花仍在山谷里开放,
窗子外面的白杨树一片青绿,
但是,你看到那边的冬日世界吗?

白雪已经盖满了山峦的顶峰。
在我年轻的心里是火焰般的夏日，
里面依然活跃着整个春天，
可是你瞧，我乌黑的头发已经斑白，
冬天的严霜已经敲打我的脑袋。

花儿凋谢了，生命在消逝……
来吧，我亲爱的，坐到我的怀里！
现在，你的脑袋紧靠在我的胸膛，
明天，会不会倒在我的坟头上？
喏，你说说，倘若我死在你的前头，
你会不会哭着把裹尸布覆盖在我的尸体上？
会不会有一天，你为了一个年轻人的爱情，
竟然把我的姓氏抛弃①？

倘若有那么一天，你抛掉你的寡妇面纱②，
那你就把它作为黑色的旗帜悬挂在我的坟头；
为了它，我会从坟墓里出来，
就在深夜时刻，把它取下来，
去擦干你的眼泪，
你是那样轻易地忘掉你的崇拜者，
我要用它包裹我心灵的创伤，
即使在坟墓里，这颗心依然永远爱着你。

1847年9月，卡尔托

---

① 按照匈牙利人习俗，女子出嫁，即使用丈夫的姓氏；抛弃，就意味改嫁。
② 也是按照习俗，匈牙利人妇女要为死去的丈夫守丧一年。一旦头裹红纱，除去黑纱，也就意味着不再守丧而改嫁他人。

**点评**：这是诗人生前对妻子的嘱托吧！

## 我获得了一切

我获得了人所能赢得的一切：
那就是幸福充盈着这个胸膛！
我怀里是亲爱的年轻的妻子，
我的心灵是那样的梦想着。
想象就在你的鲜花中间，
如同令人眩晕的蝴蝶在飞来飞去：
我怀里是一位少女，
神仙称她做姐妹，
我怀里是世上最昂贵的财宝……
我是那样的幸福，再没有别的期盼！
为什么我还有所希冀？
我已经获得应得的一切。
我还有什么不容易放弃的念头？
现在，我想到了你，祖国的忧思，
还有你：折磨人的祖国之爱，
它永远在撕裂着我的心，
我是一刻也离不开你。
让上帝去关心别的人的悲苦、不幸吧……
但我绝不抛弃你，我的祖国，
我那幸福的海一般的洪流，
会埋葬你的过去、未来和一切，
只是冲走不了你神圣的祭坛。
我的祖国，同以往一样，我同你一道叹息，

朝着更亲切、更美好的时光，
摘下带刺的荆棘，
放上光荣的桂冠；
我同你一道哭泣，如果你的伤口使你痛苦，
是那些强盗的手把伤疤撕开；
我同你一道哭泣，为了你的受饥挨冻，
无论远近都没有你的同伴；
我同你一道哭泣，你那些畸形的孩子，
让上帝的诅咒降临他们身上，
我为你感到羞耻，
可怜的祖国啊，世界不愿看着你；
而从前，你曾经是世界的主人，
你一声令下，曾使世人颤抖，
现在，似乎你并不存在……
祖国啊，为了你，
我愿意做出必要的一切。

1847 年 10 月，卡尔托

**点评**：为了祖国的复兴，甘愿付出一切代价，这就是诗人的爱国思想的中心内容。

## 最后的鲜花

秋日是大自然最美好的时光，
它从大自然
额头上取走一切美的东西。

田野上什么也没有了，
在园子里也需要
去寻觅才会找到鲜花。

我娇小的尤丽什卡采集
剩下的花朵，
编织成花束。
你可能误会了，我娇小的妻子，
花束虽然赢得我的好感，
但也许在我身边它不会成为玫瑰。

倘若我必须死去，
那么，至少在这里，
我们可以面对面地说：
也许我的死亡会轻松些，
倘若彼此相亲
相爱地对望着。

1847 年 10 月，卡尔托

**点评**：爱的深沉，爱的热切。

## 宁静的生活

喜剧结束了，
口哨和掌声沉寂了，
大幕缓缓地降落了，

而我也离开了那里的舞台。

现在，我在这里……远远地
离开那个世界有上百公里。
从前，我如同无依无靠的学生，
就在那个世界里流浪。

我坐在这里我妻子身边，
就在这宁静的小小村庄里。
从前，对我来说世界是那样狭窄，
瞧，现在这个小房间却足够宽大。

在这里，我观赏黎明和黄昏，
以及我妻子微笑的面容，
我的眼睛不希望看到更多的东西，
尽管我看见的是那么少。

是谁把我
引向这样奇怪的道路？……
但是，更使我感到惊奇的，
那就是我的妻子。

1847 年 10 月，卡尔托

**点评**：诗人享受着新婚的甜蜜与幸福。

## 坐马车与步行

夏日早已被埋葬，
秋季也已经死亡；
可是，树林依然是那样吵吵嚷嚷！
鸟儿在树林里歌唱！

树林从梦幻般
沉思中被唤醒，
树枝在惊骇的，并非
等待的欢悦中颤抖。

就连天空中的太阳，
也隐没到雾霭里去；
或许它在想，直到春天为止，
在大地上没有什么东西可看。

就连天空中的太阳，
也只好奇地朝下一瞥，
它看见了这只鸟儿，
鸟儿正在四处追逐悲凉的宁静。

太阳也在寻找，用它的眼睛
看遍树林里的每一棵树，
但一切都是枉然，
到处都看不到鸟巢的影子。

太阳啊，我的好朋友，
你别在树上寻觅这只欢乐的鸟儿，
它正在我们边吹口哨边步行
的路上，漫步在树荫下。

一位衣衫褴褛的少年，
背负着不幸的命运，
怀里揣着面包，背上是房子，
可是心中却是欢乐的春天。

他就是这样吹着口哨，
高声呼喊着朝树林走去……
瞧，一位衣着华丽的老爷的马车奔驰着，
正迎面跟他相遇。

豪华的马车里，
坐着一位脸色阴沉的老爷；
瞧，在这位富有的老爷眼里，
天空中正出现日食！

少年看见了他，
悄悄地远离他而去……
你们可怜的财主呀，
难道对这样灿烂的房子也感到遗憾！

1847 年 10 月，卡尔托

**点评**：穷人与富人的不同感受。

## 我的祖国，你要睡到何时？

我的祖国，你要睡到何时？
公鸡已经打鸣；
公鸡的啼鸣，
宣告了早晨的到来。

我的祖国，你要睡到何时？
太阳也已经升起来了，
它喷射出来的光辉，
没有照着你的面容？

我的祖国，你要睡到何时？
麻雀也已经出现，
在你的麦穗垛上，
贪婪地填满它们的肚子。

我的祖国，你要睡到何时？
猫咪也已经醒来，
它正在你的奶罐周围打转，
一副好管闲事的模样。

我的祖国，你要睡到何时？
迷途的马群
跑到你的草场上，
放肆地吃着草料。

我的祖国，你要睡到何时？
瞧，你那些栽培和修剪葡萄的人，
都不去管理你的葡萄园，
而是光顾你的酒窖。

我的祖国，你要睡到何时？
你的邻居正在耕地，
他们把你的土地，
同他们的连在一起。

我的祖国，你要睡到何时？
难道说，只要你的房子没有着火，
发生灾难的钟声没有敲响，
你就不会醒来？

我的祖国，你要睡到何时？
我的美丽的匈牙利，
难道说到了另一个世界，
你才会醒来！

1847 年 10 月，卡尔托

**点评：** 呈现一位真正爱国者赤诚之心。

## 一次，就给我十双吻吧……

一次，就给我十双吻吧！

还要是最甜蜜的吻！
得再添一点儿，
妻子呵，
这对于我
还不满足。

倘若是彩色的，才是鲜花，
倘若是褐色头发的，才是女人，
娇小、褐色头发的
妻子！
你的心房、眼睛
和嘴唇都在燃烧。

拥抱吧，拥抱我吧，我的天使，
倘若你拥抱我，我就想，
当我现在
活着的时候，
我就要飞啊，
飞向天空去。

把蜡烛吹灭吧，
店主不肯赊账，
蜡烛的价钱
一定很昂贵，
为什么让它
在这里白白烧掉。

哈、哈、哈，我们结婚啦！

家庭生活一点麻烦也没有，
它总是那样的美好，
总是那样的美好，
无论是早晨、午间
和黑夜。

1847年10月，卡尔托

**点评：** 新婚的幸福、甜蜜感溢于言表。

## 囚　徒

"自由啊，我为你而战斗，
我的手和脚被套上枷锁……
光荣啊，我渴望见到你，
我如同鼹鼠般生活在地层里……

什么时候敲响变化的钟声？
幸福的钟声何时才敲响？
那时我将再次呼吸到自由的空气，
太阳的光辉再次照耀着我。"

就在地下活人的棺材里，
在狱中，囚徒这样叹息，
只有上帝知道，他已经长叹几次，
啊，他已经是个在狱中待得太久的囚徒！

或者仅仅是短短几天，
他躲进坟墓的兄弟——狱中？
囚徒的苦难是伟大的艺术家，
把每一小时都延伸一百年。

不，他被带到这里来不是几天，
而是已经连续了许多年，
长期痛苦的岁月，
在他额头上刻上黑暗的印记。

可怜的囚徒早已
用铁链敲打他的脑袋，
但是，他的伙伴——希望
却紧紧抓住他举起的手臂……

希望，那就是他将获得自由！
尽管他在这里已经度过半生，
但后半生
他仍然可以享受甜蜜的自由。

囚徒，他在等待，没有
用铁链击碎他的脑袋，
他等呀等，在他的额头上
已经聚集了数不清的岁月。

最后，来了一群乌鸦，
最后，又来了一只雪白、美丽的鸽子，
它带来了宝贵的消息，

今天是他待在地狱的最后一天。

瞧，打开了，牢门打开了……
铁链已经从他手上取下……
他尖叫着……突然晕倒……永远……
在欢乐中……他的心破碎了。

1847 年 10 月，卡尔托

**点评**：冲破牢门，要求重获自由。

## 乞丐的坟墓

如同野兽猜想到死亡，
老乞丐隐没进无边无际的大草原，
他就在草原深处
度过他的余生。

一群贫穷的青年来到他的尸体旁，
他们要替老乞丐修建坟墓，
他们把他的口袋挂在他的讨饭棒上，
再把这根木棍做成坟头的十字架。

在那没有树和树丛的平原上，
屹立着一个仅有简单标记的小土堆，
大自然啊，你竟然抛弃了它，
让野花和杂草遮盖住它。

这就是老乞丐的命运，
他生前穿的全都是令人感到羞耻的破衣烂衫，
而现在，瞧呀，黎明曙光在他的坟头上，
织成一幅比任何东西都更漂亮的地毯。

但是，这一切全都无所谓了，
草丛注视着他得到最后的安息……
谁会想到，他的一生是多么
困苦，又是多么的艰辛？

噢，这就是那只老年人的手，
握着那根干枯弯曲的木棍，
在他年轻健壮的岁月，
他也曾作为战士挥舞闪亮的宝剑。

他曾经在战场的硝烟中奔跑，
作出了牺牲，付出了鲜血，
为了保障老爷们的财产和权利，
后来，老爷们竟让他饥饿而死。

一切都消逝了！现在，统统忘掉
一切贫困和战争的喧嚣。
世界的周围是宁静、沉寂的，
他就在地底下不受干扰地沉睡。

偶尔有一只只小鸟，
飞临坟头的十字架，唱出梦幻般的歌……
在那十字架上，小鸟能唱出什么样的歌儿？

就在那根用乞丐讨饭棒做成的十字架上？

1847年10月，卡尔托

点评：弱者的悲歌。

## 你在赞扬，亲爱的……

你在赞扬，亲爱的，我是个好人！
可能的，我可能就是一个好人，
但是，你不必为此感谢我，
你的心是他的源泉，里面是一片美好，
也许就是大地的功劳，
就是那样创造了鲜花和果实？
是不是也创造了一株小草，
倘若太阳不照耀着大地？

1847年10月25日—31日，沙隆托

点评：短诗，却也情深意切。

## 我朝着外面观看

我朝着外面观看，
通过窗户朝外面观看；
在那里，我的眼前
幻想出一个站岗的士兵，

他在木棚子旁边
来来回回走动，
高傲得
如同一位小国王。

我也曾经在某个地方
来来回回地踱步，
因为我也曾经是
一个士兵，
站在那涂上黑黄色的
大树前面，
炫耀着那权力的短剑。

穿着光荣的皮袄，
我汗流浃背，
迷人的皮靴，
装饰着我的腿脚，
我的嘴喊出
可怕的口令，
我也打扫过
兵营的院子。

英雄的职业，英雄的生涯，
珍珠似的生活，
我不能跟你在一起，
为此我感到羞愧，
是我从自己头上
拿下栎树桂冠，

是我从自己手中
抛掉步枪和扫帚。

哎，但是，上帝
也曾鞭挞着我，
为的是我抛弃了
这勇士般的生活。
我成了一个诗人，
而诗歌……
也许，我已经当上了伍长，
如果我一直在那里干下去的话。

1847年10月25—31日，纳吉瓦罗德

**点评**：回忆当兵的时光。

## 美丽的日出……

我的心灵
是美丽的日出的宠儿，
像是永远的春天微笑着朝下观看；
看着上帝
把什么东西置于大地，
创造出一切美丽的鲜花。

只是还缺少一样，
那就是信仰之花，
超越坟头之上的生活信仰，
它已经发芽，

并且也已经开花，
你的爱情就把它种在这里。

多么值得骄傲啊！
自信的意识，
对我，它悄然无声地诉说：
它在解释，
是那样轻松地，
你甜蜜的爱情，我亲爱的信仰。

坟墓并不是黑暗的，
只是我们眼睛瞎了，
如果我们瞥上它一眼，
它那光辉的洪流，
就将魔幻般从另一个世界，
朝我们脸上倾注而来。

棺材不是
死亡
冷酷的故乡；却是快乐的小舟，
它把我们
从这美好的生活中，
带到更美好的生活的口岸。

不过，有一点
我想要知道的是：
这另一个世界延伸到何处？
而我们

将用什么面貌从这里，
进入那不认识的另一个世界？

如同一双夜莺，
从这根枝头飞到那根枝头，
我们也从这颗星星飞往那颗星星，
就是你和我？或者就像一对天鹅，
我们温柔地荡漾在
永远存在的海面上？

1847 年 11 月，佩斯

**点评**：爱情、信仰并不是那么虚幻，不可意会啊！

## 在小山坡旁有丛玫瑰

在小山坡旁有丛玫瑰，
我的天使，靠着我的肩膀吧，
对着我的耳边悄悄说，你爱我，
唏，这使我感到多么幸福。

太阳的面影就在多瑙河中，
河水泛起愉快的涟漪，
静静地把太阳摇荡，
如同我摇荡着你，亲爱的人。

恶人说尽我的坏话，
说我是个不信上帝的人！

其实，现在我仍在祷告，
倾听着你心房的跳动。

1847 年 11 月，佩斯

**点评**：爱情就是如此直白、轻盈、清新。

## 波图·帕尔先生

如同一位被咒骂的王子，
在遥远的奥帕兰奇①，
波图·帕尔先生孤寂、
忧郁地独自生活在他的家乡。
在这里的生活将会是另一个样子，
倘若有位年轻的妻子……
波图·帕尔先生插嘴说：
"哎，不忙，我们有的是时光！"

房子已经摇摇欲坠，
墙壁的灰泥已经脱落，
风又把一片屋顶刮跑，
只有上帝知道落在什么地方；
得修理了，因为迟早
上苍会从天花板朝下望……
波图·帕尔先生插嘴说：

---

① 在匈牙利民间故事里常常出现的词语，意思是遥远的地方，或者是只存在于民间传说而非现实世界的地方，又称奥帕兰奇海洋。

"哎，不忙，我们有的是时光！"

花园里一片荒芜，
田地里却鲜花儿盛开，
长满了各种各样的
野罂粟花。
为什么那么多雇工都在闲着？
为什么犁具都在搁着不动？
波图·帕尔先生插嘴说：
"哎，不忙，我们有的是时光！"

那些短皮袄、那些裤子，
都已经破破烂烂，
倘若拿来做蚊帐，
那也是迫不得已；
只需要请来裁缝，
面料都已齐备……
波图·帕尔先生插嘴说：
"哎，不忙，我们有的是时光！"

生活就是如此这般得过且过，
虽然他的祖先给他留下
极其丰富的遗产，
然而，现在他却一无所有，
但是，这不是他的过错；
他生来就是一个匈牙利人，
他的祖国流行一句古老的谚语：

"哎,不忙,我们有的是时光!"

1847 年 11 月,佩斯

**点评**:对没落贵族贪图安逸,不思进取的挖苦、讽刺与批判。

## 早晨刚刚过去……

早晨刚刚过去,晚上又已来临,
春天刚刚过去,冬天又在这里。
我们刚刚认识,我的尤丽什卡,
你已经成了我的妻子。

我们刚才还坐在父亲的大腿上戏谑,
迟早我们又要躺在祖父的身边……
生命如同在河流上迅速奔跑的云彩的影子,
也如同在镜面上的呼吸。

1847 年 12 月,佩斯

**点评**:时光如白云在天空飞驰,催人振奋。

## 夜

人们呵,
你们都躺下了吧!

或者，如果你们还在
走动，
那么，你们就
放轻你们的脚步。

踮着脚尖，
你们缓慢地
在走动，
别让粗鲁的喧哗
敲打
你们的嘴唇。

必须向
哀悼致敬，
因为那是神圣的……
夜，那是哀悼的
青年
在出现。

曾经是他的亲爱的，
那死去的
人；
因此他在服丧，
可怜的
夜晚。

大地上
布满着

一片寂静，
悲伤的
眼泪
撒落在草丛上。

现在，突然间
——难道出现
什么情况？——
他尽管悲伤，
但脸上
仍然露出微笑。

瞧，月亮
从他的坟墓里
爬升起来了：
那是死去的
亲爱者
苍白的幽灵。

怀着甜蜜的
悲伤，
他们相会了，
以折磨人的
喜悦，
他们紧紧拥抱。

他们在交谈着……
但是，有谁知道

他们在谈些什么？
任何人都不会
猜测、怀疑
他们在谈话。

你们可要知道，
这样并不是
很好，
因为这次谈话
将是永远的
巨大的甜蜜。

只有疯子
听到了，
因为那时
他正在发烧，
对他来说，
是可怕的时刻。

而那位垂死者，
如果已经
仅仅用一、两根
蜘蛛网的丝，
来维持
他的生命。

还有一个人在听，
还有一位

第三者：
那是诗人，如果
他在警惕地
做着梦。

沉思，
诗人
理解
那幽灵
声音的
秘密。

但也不能够
说出来，
也不能够询问……
当他
醒来时，
一切都已忘却。

1847 年 12 月，佩斯

**点评**：梦幻的夜，只有诗人懂得其中的秘密。

## 致匈牙利的政治家们

自负而又骄傲的老爷们，
总是瞧不起贫困的诗人们，

他们在州府和国家级议会上，
扮演着光辉的角色。
善良的青年人在路途上就毁掉了，
他衣衫褴褛地在路上缓慢地走着；
坐在豪华马车上的老爷从你身旁急驶而过，
因此也就把你践踏在车子底下。

就是因为替他们驾车的是高头大马，
他们显得那样高大，
当诗人在困苦中受饥挨饿时，
而他们的仆人都长得肥胖？
或者，在人类的天平上，
他们还有一个更美好的念头：
他们认为他们更为高贵，
比起那些毫无出息的诗人？

你们只管到处信口开河，
你们知道你们是什么东西？
在那些微小的日常事件中，
只是一堆暂时性的篝火，
漂泊者每天晚上都会看见，
篝火的火焰蹿得很高，
一到早晨，熊熊大火
就只剩下一堆冰凉的死灰。

当燃烧过后，你们就显露原来的面貌，
而诗人们作为小小的星星，
在遥远的闪烁着的火星旁，

星星放射出的光却比你们明亮百倍；
而当微风把你们的灰烬
早已从大地上卷走的时候，
在遥远的天际，那时，
小小的星星依然愈来愈明亮。

你们要明白，什么是诗人，
你们要很好地对待他，
你们要明白，诗人
就是上帝的一片神圣叶子，
上帝就是以最崇高的恩宠，
把他派遣到大地上来，
给普通平凡的人们，
用诗人的手写下永恒的真理。

尽管别的民族没有看重诗人，
可是你们，匈牙利人啊，
在诗人面前要低下头，
表示出你们应有的尊敬。
噢，匈牙利的诗人
都是伟大的，配得上爱国者的美名。
倘若你们忘记了他们，你们会感到羞耻！
时间还没有过去半个世纪。

我们的语言是我们唯一的财宝，
从我们祖辈那里一直留传至今，
即便是我们敌人宣誓的时刻，
死亡也不曾把它劫夺走；

我们的语言已经处境危险，
似乎接近了终结……
被摒弃在马路上，
躺在死亡的痛苦之中。

傲慢的老爷们，对于这神圣的病人，
你们给予什么样的帮助？
你们朝他走去，
只是为了踢他一脚！
诗人们却是这些
衣衫褴褛、饥饿人们的看护者，
诗人看护和挽救他们，
而你们仍然瞧不起诗人！

1847 年 12 月，佩斯

**点评**：诗人是维护祖国权益的正义力量，理应受到重视和尊敬。

## 在宁静大海般的平原上……

如同玫瑰树在春天
傍晚的微风怀抱里，
我的小舟在宁静大海般
的平原上缓缓地在荡漾；
我不配过上这样的生活，
从心底里我可以这么说。

我通过它来到
这里的那条河流，
曾经是又长又危险的河流：
我头顶上是雷鸣电闪，
左右岸边是高耸的巉岩
在威胁着，小舟下面
是张开喉咙的旋涡……
我划着桨，
我的心房在跳动，
仿佛最后时刻的来临。
我拼命划着桨，
最主要的事情：
那就是，我不能让
希望的火熄灭，
任何时候都不要气馁。
不气馁就是奖赏！——
我的奖赏是那么美好和甜蜜：
在平静的海面上，
小舟不停顿地轻轻摇荡，
在平静的海面上，
是幸福的家庭生活，
我把桨搁在一旁，
我为什么还要划桨？
随便它漂流到什么地方，
我的帆船的游戏伙伴，
如同小孩子的谑戏；
反正都是一样，因为
无论它在什么地方，天空

都把我包围，无云的、纯洁的天空……
天空竟然下降到
平原般的海面上，
把我包裹了起来，
如同用蓝色鲜花
编织的巨大花环。
我从容地往前驾驶，驾驶着……
我划着桨，划动着。
我无忧无虑地伸伸腰；
我的脑袋靠在我伴侣
柔软的怀里甜蜜地休息，
彼此对望着，一点也不暗淡，
甚至比天空的居民的眼睛
还要明亮；
我手里拿着七弦琴，
弹奏出梦幻般的曲调，
那是不合韵律的……无忧无虑的
自然而然的歌曲……我相信
我的指头在琴弦上
上下翻飞，跳跃，
是那样地自由自在，
如同跟我的伴侣的
头发在谑戏。而这首歌
依然是那样美丽，因为
连星星也从天上降临，
以便更近些地倾听，
月亮也从海里爬上来，
注视着我的弹唱。——

我就这样弹奏着，歌唱着，
驾着我的小帆船流浪在海面上，
如同阿里安骑在逆战鲸上……
偶尔有一只只哭泣般预告不祥的鸟儿，
飞落在我的船桅上，
我的祖国，这意味着
你未来的一个个痛苦的忧虑；
但是，我越是进入
大海的深处，
这种预示未来灾祸的
鸟儿就越少来临。

1847 年 12 月，佩斯

**点评**：诗人并不愿过宁静的平凡生活，而总要深深思考着祖国的未来。

## 在火车上

周围是欢乐的海洋，
我的灵魂在海洋里游泳，
至今只有鸟儿在飞行，
现在人也能飞行。

我们的思想像箭一般迅速飞驰，
我们在你后面，出发已经太迟，
但是，你得刺一次你的马驹，

因为我们会追上你，不把你拉下！

山峦、树木、房屋、人、溪流，
谁知道还有什么？
飞快地在我眼前一闪而过，
又如同雾霭般消失。

太阳也同我们一道飞奔，
如同一位疯人，认为身后
有一群魔鬼在追逐着他，
要把他抓住，撕个粉碎。

太阳跑呀，徒然地跑呀！
但还是落后了，疲惫地倒下，
就躺倒在西边山峦的顶峰，
脸颊泛起羞惭的火焰。

而我们一直在飞奔，
一星点儿也不感到疲惫，
或许这部机器一直
要把我们带到另一世界。

我们要修造
成百上千公里铁路！
让它遍布世界，
如同血管布满全身。

它们就是大地的血管，

文明就在它们中间流溢，
通过它们，生命的血浆，
在广泛地循环，流淌。

你们为什么还不修造铁路，
至今还没有修造？……是不是缺少铁？
你们就把所有的铁链打碎吧，
那么你们就有足够的铁啦！

1847 年 12 月，佩斯

**点评**：对科学发展，造福人类的创造的赞美。

## 对我微笑吧！

对我微笑吧，我亲爱的妻子！
大地上没有那样的鲜花，
天空也没有那样的星星，
能代替你那甜蜜的微笑。

倘若你的脸上布满乌云，
那么，我就飞快地跑开，再也不来：
我恳求你，用你微笑的黎明，
使你的爱变得温柔、更加可爱。——

在草原的冬天，园子里光秃秃的树，
怀着怎样的愿望，渴望着等待

春天的到来，它带来的将是
绿色的树丛和啧啾的鸟儿。

漂泊者在遥远的地方行走，
午夜时刻来到了村子的边界，
他等呀等；什么时候从屋子里
小油灯闪烁出可爱的光芒。

如同躺卧在床上的悲哀的病人，
长时间孤独地注视着黑夜，
渴望地等待着喷薄而出的
太阳的第一道光辉！

如同被装进棺材里
的死者，等待着复活！……
噢，我比他们
都更迫切地等待着你的微笑。

对我微笑吧，你忠实的丈夫在恳求你，
倘若你深深地了解他的心，
你就会懂得，他的一生，
都将准备着为你死去。

你知道，我的灵魂是你脸上的
一面镜子，扩大了的镜子，
里面一道道又长又深的
是你额头上的皱纹。

哎，对我微笑吧，我幸福的创造物！
你的嘴唇，你的手，你的膝盖，你的吻……
你的梦的忠实守护者，
你一生的影子，你的丈夫在恳求你。

1847 年 12 月，佩斯

**点评**：又一首美丽的爱情诗；直白、形象、深情的爱。

## 致愤怒

你平息了吗，愤怒，
你，瀑布似的
荒山野岭的溪流，
喧嚣着奔向深谷，
带去汹涌的波涛……
你平息了吗？愤怒，
永远发自我的内心？
就因为森林里的兀鹰，
成了温顺的家禽，
它的利爪被
从前愤怒的暴风雨
敲打得翻卷，
傲慢以胜利者
的姿态驯服了它？
就因为火爆的青年
耸着肩膀，

摇头晃脑，
戴着睡帽，
成了仁慈、和蔼的市民？
偶尔，他自己也忍耐不了，
从前，他的名字曾挂在
每一个人的嘴唇上：
愤怒的裴多菲！

这令人感到焦虑，
又是那样令人无奈！
我高兴的脾性，
青年人的愤怒，
不可能把我抛弃；
来自我心底的、
瀑布似的
荒山野岭的溪流，
没有平息，也不会平息。
现在，它只是
稍稍安静的流水，
因为它的道路
是穿过平原的田野，
在你的田野上，
现在没有山峦和深谷。
但是，你未来面对的
是悬崖陡坡
和深渊……
倘若到达那里又将如何？
我愤怒的溪流！

我将成为大河,
我的祖国,
我将如同不受束缚的尼亚加拉河①,
向你的敌人迎头溅落,
把它送进无底的旋涡。

1847 年 12 月,佩斯

**点评**:坚持战斗,直至摧毁敌人。

---

① 位于北美洲的一条大河。

## 一八四八年

## 冬 夜

哪里曾出现过来自天空的彩虹?
哪里曾出现过来自田野的五彩缤纷的鲜花?
现在,哪里有小溪的喧嚣,小鸟的啭啾?
哪里还有春天、夏日的饰物和宝藏?
全都没有了!剩下的
只是往日的回忆,如同苍白的坟墓的影子,
除了白雪和乌云,再也看不到别的东西,
冬季把一切全掠夺了,大地变成了乞丐。

真的,大地成了一个年迈的乞丐,
肩上披着一条白色、带斑点的毛毯,
衣服补丁上结了冰,有几处已经破烂不堪,
不少地方看到了他裸露的身体,
他站立在寒冷中,他战栗……饥寒交迫,
整个人显得疲惫不堪。
此情此景,他站在外面做什么呢?

这种时候，只有在房间里生活才是美好的。

他祝福上帝，上帝也祝福他，
赐予他暖和的屋子和家庭，
现在，这间暖和的屋子是多么幸福，
在暖和的屋子里是欢乐的家庭！
现在，每一间小茅屋都是一座神仙的宫殿，
如果有木柴投进火炉里去，
一句句好话都听进心里，
旁的时候，这样的话只是从耳旁飞过。

晚间这种时候是特别的美好！
如果你不了解，也许你们不会相信。
一家之长就坐在那里的大桌子旁边，
同邻居和亲友亲密无间地进行交谈，
嘴上衔着烟管，面前摆着酒瓶；
瓶子里装满酒窖最陈的烧酒；
无论他们怎样尽兴，也看不到瓶底，
倘若快喝完了，马上又重新把杯子斟满。

善良的主妇殷勤地款待他们，
不用担心她会忽视自己的职责，
哎，因为她非常懂得需要做些什么，
她已经很好地学会尽自己的责任，
不能轻视自己家庭的荣誉，
对待客人，既不能小家子气，更不能怠慢。
她站在那里催促、忙碌，不厌其烦地说：
"请吧，乡亲，请吧，亲家！"

他们对她表示感谢，又喝了一杯酒，
倘若烟管熄灭了，又重新把烟装上，
如同烟雾在空中袅袅缭绕，
杂乱无章的思绪也在飘荡着，
那已经是很久很久以前的事情了，
他们旧事重提，一桩一件也不放过。
离开生活不是很遥远的人们，
不喜欢朝前面看，而是愿意往后观望。

在小桌子旁，坐着一位青年和一位姑娘，
他们是年轻的一对，对过去不感兴趣，
他们干吗要关心过去呢？
生活在他们前头，而不是背后，
他们的心灵转向未来的憧憬中去，
沉湎于观望玫瑰色云彩的天空。
他们悄悄地微笑着，不再发出更多的声音，
仁慈的上帝知道，他们处在愉快的欢乐中。

在后面，也就是在炉子周围，
小家伙们坐在那里吵吵嚷嚷，
大大小小的孩子挤在一起，像座小山，
用纸牌砌成一座塔楼：砌好了，又推倒……
他们追逐着现在的幸福的蝴蝶，
忘记了过去，又不考虑明天。——
瞧呀，有谁相信，一个小小地方竟能容纳得许许多多：
在这里的一间屋子里，包含着过去、未来和现在。

明天将是烘烤面包的日子，

仆人筛着面粉，唱着歌，歌声传进屋里。
外面院子里，井架轧轧作响。
晚上，马车夫在给马儿饮水。
在欢乐的筵席上，吉普赛人在拉琴，
从远处传来如泣如诉的抱怨声。
在屋子里，各种各样的喧哗
却汇成一首平静、柔和的交响曲。

雪在下着，街道依然是一片漆黑，
整个被拖进巨大而浓密的黑暗中去。
是的，行人已经很少出现，
偶尔看见一、两个出门访友的人，
他们都朝自家门口走去，
在窗户下面闪烁着他们的灯笼，
黑暗突然间把灯光吞没了，
灯笼消失了，屋子里的人们
热烈地猜测着：刚才是谁从这里走过？

1848 年 1 月，佩斯

**点评**：运用最朴素的语言，给读者讲述了安静冬夜里一幕幕生机勃勃的故事。冬夜的沉寂与屋里、院子里的欢乐构成两个不同世界。

## 最好的妻子

最好的妻子，

我心灵的小娇妻，
来呀，到我的怀里来，
让我同你欢乐地谑戏。

在你是姑娘的时候，我爱你，
现在，我更是百倍地爱你，
啊，不是百倍，而是千倍地爱你，
倘若你不为此而生气。

未结婚的人不会懂得
什么是真正的爱情；
他怎么会懂得呢？
要知道，他还在学习。

未婚人的爱情，
只能是帽子边沿的鲜花；
而现在，对我来说，爱情
就是我的呼吸和脉搏的跳动。

我们现在是多么地幸福，
对吗？尤丽什卡，我的灵魂，
我们不必要等到死亡，

就欢悦地飞向天堂。

1848 年 1 月，佩斯

**点评**：成婚后的爱更亲切、甜蜜。

## 致阿扎尔扬·皮尔蒂亚尔①

在那深深的山谷里，
屹立在其中的
是一动不动的花岗石山峰，
它如同比铁还坚硬的高墙，
然而就连它们，由于常年朝下看，
看上去也要昏晕了……
在山谷的最深处，
那里只见到半天的日光，
因此，只有许多流亡者来到这里。
而那里的月亮，一位美丽的纺织姑娘，
每天晚上
飞针走线，
仿佛替自己编织白纱……
在深谷里有棵硕大的树，
荆棘丛中，树下开着一朵小小的花儿，
由于荆棘和树叶的遮挡，
在它周围见不到一丝一毫的阳光，

---

① 阿扎尔扬·皮尔蒂亚尔（1820—1867），19 世纪匈牙利著名诗人和评论家。

只有一粒凝结了的巨大的露珠，
——那是永恒的泪水——在叶子上颤抖，
如同血流不止的伤口上的钻石，
因为这朵鲜花是殷红的……毫不奇怪，
它是一颗被践踏的心的产物。
很少有流浪者转到这个地方，
也很少有人注意这朵鲜花，
但是，谁要是看到它，
就不会匆匆离它而去，
会用惊异的目光
站在这迷人的植物面前，
看呀，看呀，会受到痛苦的折磨，
由此感觉到心被撕碎，
直到一看到它，你就拥抱它，
吸吮它那醉人心肺的甜蜜的芳香……
我的朋友，这是一株痛苦的鲜花，
这株鲜花是你七弦琴的乐谱啊，
为什么你践踏这株美丽的鲜花？
为什么让你手中的七弦琴沉默？
难道你不痛心，当你把它摔在地上，
哭泣般的琴弦断成两段的时候？
心灵不朝你呼喊吗，
当你向它伸出你谋杀之手的时候？
因为你是个谋杀者，
你杀害的不只是你的身体，
而是比这严重得多，
是你更重要的部分，
七弦琴是诗人的灵魂，

而你，杀害的是你的灵魂！……
你消灭了一个诗人的灵魂！
难道你不认识你的使命？
而这个使命真正是神圣而伟大的，
它在这大地荒野里，
正处在垂死的边沿，
既不是雨露，也不是阳光，
对它已经是毫无裨益；
只有诗人微笑般落下的眼泪，
才会使它重新盛开。
你将要怎样回答，
从前给你送去的那本账？
倘若他对你说："你往那儿看吧，
那里是你走过的方向，
好好看吧，那里是一片荒野……
还有等待你去耕耘的土地！"
起来吧，我的朋友，每一分钟都是宝贵的，
我们是在大地上空飞驰的星星，
我们要活着，直至我们还没有陨落；
不久，你将站在法官面前。
起来吧，我的朋友，操起你的七弦琴，
奏出你的悲痛，
倘若诗人发出的是最悲痛的声音，
那也是最大的幸福。
你唱吧，唱出你的心音，
从你嘴唇发出的一切声音，
都是你灵魂最宝贵的部分……
在光荣的痛苦和喜悦中

流血!

1848 年 1 月 6 日，佩斯

**点评**：督促同道者奋起战斗，同时也是诗人思想跃进的明证。

## 有没有哪一寸土地……

在匈牙利人的祖国，有没有
哪一寸土地没被浸染上匈牙利人的鲜血？
唏，伟大先辈的鲜血已经看不见了，
子孙们要重新涂抹上去的是
黑色，是耻辱！

在这里，这样的谎言也成为永恒的真理，
雄狮不可能生出兔子，
光荣的先辈，你们是勇士，是雄狮，
倘若你们现在从坟墓里复活，
就能看到你们怯懦的子孙！

这个民族素以祖辈的功勋自豪，
夸耀那七十七次著名的征战……
未来，它还会不会以我们自夸？
或者不会再提起我们，
以免那时的子孙们脸上无光？

对此我们毫不考虑。我们过着牲口一样的生活，有了面包，我们便感到心满意足。
我们远远落后于世纪的行列，
被从伟大民族的行列中抹掉，
我们不懂得生活，也不敢面对死亡。

耻辱呀，耻辱！从前，在命运的
排列榜上我们名列前茅。
现在我们站在最后一行，毫无意义……
从前，他们跪下抱着我们的大腿，
现在，他们扇着我们的脸……耻辱呀，祖国！

我痛苦地呼喊，上百次痛苦地呼喊，
为了反对我的父母，我必须举起手臂，鞭挞他们，
孩子的父母！……我给他们造成的
伤口，使我更加难过，我犯了大罪。
我更懂得，在上苍和大地面前，我只能这样做。

尽管我遭受成百次以上的折磨，
我依然不顾一切，绝不止息，
为了伟大的上帝，尽管流尽我的鲜血，
我要鞭挞你，我的祖国，直到最后
你的心脏跳动起来，要不就是我的心脏破碎！

1848 年 1 月，佩斯

**点评**：具有巨大鼓动力的政治诗篇，表达出诗人的坚定信念。

## 你在做什么，你在缝什么？

你在做什么，你在缝什么？
你是在缝补我的衣服吗？
对我来说，衣服破了也没什么，
我的妻子，你还是缝一面旗帜吧！

我在预测着，预测着，
只有仁慈的上帝知道我预测什么，
但只要我在预测那就足够了，
我的妻子，你还是缝那面旗帜吧！

目前的世态不可能持续太久，
必将会引起变化，
在战场上，预测将变成现实，
我的妻子，你还是缝那面旗帜吧！

自由是昂贵的商品，
不能赊账，只能支付现金，
昂贵的价格，那就是殷红的鲜血；
我的妻子，你还是缝那面旗帜吧！

倘若是你这双美丽的手缝制的，
胜利必将会喜爱上这面旗帜，
而且将永远掌握在胜利者手中；

我的妻子，你还是缝那面旗帜吧！

1848 年 1 月，佩斯

**点评**：凭借诗人的政治敏感，着手迎接革命的来临。这是诗人创作的政治抒情诗篇。

## 我爱你……

我爱你，我爱的就是你，
我的亲爱的小天使，
只是令人痛心的是，
我无法表明我的爱。

我的话语就是如此简单、平常，
倘若你高兴，你可以不相信，
倘若你心存疑虑，
我又将如何消除你的怀疑？

倘若我生来就是位富翁，
为了让事实得以证明，
为了你所有的每一句话，
我就捎去一颗颗钻石。

倘若我生来就是国王，
为了一个小小的花冠，
我就摘下我的皇冠，

花冠是你亲手替我编织。

倘若我是彩虹：那我
就请你接受我的颜色，
用它来染好丝带，
用丝带缠绕你的腰肢。

倘若我是普照世界的太阳；
我就要离开天上，
在这广大的世界上，
不看别的，除了你的眼睛！

1848 年 1 月，佩斯

**点评**：民歌体爱情诗。

## 我该如何称呼你呢？

我该如何称呼你呢？
倘若在梦幻般的黄昏时刻，
我的眼睛注视着
你的眼睛的黑夜之星。
我仿佛是现在第一次
看见这颗星星，
它的每一束光辉
就是一条爱的小溪，
注入我灵魂的大海——
啊，我该如何称呼你呢？

我该如何称呼你呢？
倘若你的目光
向我飞来，
那是温顺的鸽子，
它的每一根翎羽，
都是和平的橄榄枝，
接触它是那样的美好！
因为它比丝绸
和摇篮的坐垫都要柔软。
啊，我该如何称呼你呢？

我该如何称呼你呢？
倘若你的声音响起来，
倘若枯枝听到
这声音，
开始发绿的
叶丛会想到，
这里已经是春天，
也是它等待已久的现实，
因为夜莺正在歌唱——
啊，我该如何称呼你呢？

我该如何称呼你呢？
倘若你那嘴唇火焰般的红宝石，
触到我的嘴唇，
我们的灵魂就在吻的火热里熔化，
如同黎明时刻熔化了白昼与黑夜，
在我面前世界消失了，

时间在我面前消失了，
永恒把一切谜语般
的祝福赐给我——
啊，我该如何称呼你呢？

我该如何称呼你呢？
我的幸福的母亲，
一位想象中的天宫里
的仙女，
辉煌的现实，
使我大胆的希望也蒙受耻辱，
我灵魂唯一的、
但比整个世界都更有价值的宝藏，
我亲爱的、美丽年轻的伴侣，
啊，我该如何称呼你呢？

1848 年 1 月，佩斯

**点评**：对爱的真诚的渴望。

## 在半醒半睡之中

我美丽的亲爱的人，
温暖的胸脯……
你心灵的诱惑……
我爱的感觉……

娇小的鸟儿，

为我歌唱……
神仙的歌曲……
我忠实的爱情……

金的……银的……
我都不需要，全不需要，
我是那样地悲哀：
你把我带走吧！……

这是什么样的芳香，
鲜花一簇簇地盛开！
世界
是座无边无际的花园……

天空将要
变得悲哀、荒漠，
它的一切装饰物
将要降临大地。

星星
降落了，
成了环绕我头上
的桂冠！……

嗨，七弦琴在弹奏，
哎，除此之外还有什么？
再没有什么啦，
一切都已经被打碎……

奏响吧，……但不是
停留在手上，
而是响彻大地，
在夜间。

我曾经参与
那次巨大的战役，
旗帜就在
我手中挥舞。

我身负重伤，
返回家乡……
那场战斗过去了，
我的伤口也结了疤。

睡吧，睡吧，
我美丽的亲爱的伴侣……
噢，自由！
噢，爱情！

1848 年 1 月，佩斯

**点评**：自由、爱情，即使在梦中也不能忘怀。

## 被囚禁的狮子

代替广阔王国国土的，
是给予它的一个小小铁笼！

站在狭窄、小小铁笼里的，
是狮子，荒漠的国王。

让它在和平中生活吧，
不允许再去打扰它。

倘若剥夺了它行动的自由，
至少也让它在思想上享有自由；

倘若它攀登不上树顶，
至少也让它走进树荫歇息。

它威武、雄壮地站立在那里，
现在，它依然是那样威风凛凛！

人们剥夺了它的自由和一切，
但带走不了它那英雄般的目光。

它威严无比地站立着，像座金字塔，
金字塔愠怒的石块定定地凝注着它。

它的思绪飘忽不定，
想象着回到自己的故乡。

随着它的一声怒吼，
声音如同飓风传遍荒漠。

这样美好的土地，美好的时光，已成为过去……

现在，囚笼的看守来了。

它沉湎于其中的世界消失了，
因为看守的皮鞭甩到它的头上。

皮鞭，这是小伙子对它发出命令
的信号！噢，苍天啊！上帝啊！

它就这样深深地低下它高昂的头，
它必须忍受如此这般的屈辱！

惊异、笨拙的人们，
却对它的受辱大声傻笑。

你们怎敢如此放肆，懒惰的废物？
倘若它一旦打碎囚笼，

它就撕碎、践踏你们，
让你们的灵魂在地狱也无法藏身。

1848 年 1 月，佩斯

**点评**：雄狮怒吼，冲破牢笼，奔向自由革命。

## 冬天里的草原

嗳，现在的草原成了真正的荒原！

因为秋天是位无所用心的坏主人；
它把春天
和夏天所收集来的一切，
全部轻易地挥霍殆尽，
致使冬天在富饶的土地上找到的只是一片荒凉。

那里再听不到羊群的忧郁的铃声，
也听不到牧羊青年悲凉的风笛声，
连啾啭的鸟儿
也全都沉默下来，
草丛里高声叫唤的鹌鹑也不作声，
就连小小的蟋蟀也不再奏鸣。

仿佛是冰冻了的大海，草原平坦一望无际，
像是疲惫的鸟儿，太阳低低地掠过，
或者像位上了年纪、眼睛近视
的老人，
必须低下脑袋，四处寻觅……
即使如此，在草原上也找不到更多的东西。

现在，渔家的茅屋和看地人的草棚都是空荡荡的，
村子里一片寂静，牲口在院子里吃草；
黄昏时分，它们就被
赶到牲口槽旁边去饮水，
发出一阵阵令人烦心的忧郁的哞哞叫声
它们更喜欢在外面喝上湖里的水。

雇工从屋梁上

取下烟叶，
放在门槛上剁碎，
又从高统皮靴里
取出烟管，装上烟，懒洋洋地吸着，
时不时往牲口棚看一眼：还有没有草料？

连小酒店也是一样沉寂，
老板和老板娘大可安然入睡，
因为连地窖的钥匙
都可以抛过一边去，
再不会有人来给他们增添麻烦，
风把大雪盖满了道路。

现在，统治草原的是旋风和暴风，
一个在天空高高地旋转，
一个在大地上飞驰，
发出愤怒的火花，
雪如同火石般闪闪发亮，
还有第三者来参加这场搏斗。

黄昏降临，倘若风疲惫地安静下来，
朦胧的雾霭就来草原安居；
这时，影影绰绰地
出现一个侠盗的身影，
骑着打喷嚏的马儿来草原夜宿，
他后面是狼，头上是乌鸦。

如同被驱逐的国王从他的国境边上回头眺望，

太阳也从大地边沿回头一瞥，
用愤怒的目光
再次回头一看，
他的目光一接触到最后的边界，
染上鲜血的王冠就从它脑袋上掉落。

1848 年 1 月，佩斯

**点评**：极其生动地描绘出草原肃杀景象。

## 爱情的玫瑰树……

爱情的玫瑰树……
我躺卧在它的树荫里，
芳香的叶片，
纷纷飘落在我的额头上。

爱情的夜莺，
在我的头顶上振翼，
在我的想象里，它的每一声歌唱，
都化成一个个上帝赐给的梦。

我的嘴唇，
在爱情的酒杯里沐浴，
再没有比这更甜蜜的蜜，
让我在其中受到爱的折磨。

爱情的云彩，
向这个方向轻轻飘落，
如同来了一位天使，
亲自来拜访我。

爱情的月亮世界，
给我披上金色的外衣，
把我遮住，让我忘记
我的羞耻。

1848年1月，佩斯

**点评**：爱的渴望。

## 深谷与高山

倘若我是高山！（深谷叹息着）
倘若我是高山！那该多好，
就能作为星星的邻居，
从上面俯视广大的世界。

幸福的高山在那里进行统治，
国王的宝座就在光荣的高空，
代替那些围在它身旁崇拜者的，
是围绕着它的脑袋的云彩或雾霭。

旭日把第一束光辉，

作为金冠戴在它的额头上，
夕阳深红的最后光束，
作为外衣披在它身上。

倘若我是高山！我必须
在这里度过蒙眬的一生，
既看不到我的邻居，
邻居也看不到我。

倘若我是深谷！（高山叹息着）
倘若我是深谷！噢，是多么冷酷；
人们羡慕的这个深度，
还有这份光荣。

太阳第一束光辉找到了我，
太阳最后的光辉也照耀着我，
然而我总是那样地荒凉，
也总是那样地冷酷。

蝴蝶、露珠、夜莺、鲜花……
我徒然招呼它们，一个也不爱我，
下面是调情的微风，
上面是呼啸着的暴风。

倘若我是深谷，我就生活在下面，
避开这伟大世界，深深地隐藏起来，
我愿意同美丽、可爱的春天的诞生，

交换幸福。

1848 年 1 月，佩斯

**点评**：诗人追求的是现实春天的幸福。

## 意大利①

人们最终厌恶了在地上爬行，
他们一个接着一个站立起来，
从他们的叹息中形成了雷雨，
现在，代替铁链的是刀剑的铿锵，
蒙眬的橘子树是南方的树林，
殷红的玫瑰将到处盛开——
他们是光荣的神圣的士兵，
自由之神呀，你要帮助他们！

喏，自负、专横的暴君们，
你们脸上的血都流到那里去啦？
你们的脸颊如同幽灵那样苍白，
我仿佛看到了幽灵；
我看到了，真的，
布鲁图②的幽灵就出现在你们面前——

---

① 1848 年 1 月，意大利爆发了工人起义，掀起 1848 年欧洲资产阶级革命的序幕，革命之火很快蔓延到西班牙、法国、奥地利等地；诗人为此欢呼，并预见革命浪潮即将传到他的祖国——匈牙利。

② 布鲁图（前85—前42），古罗马时期主张共和的政治家，刺杀了独裁者凯撒大帝。

他们是光荣的神圣的士兵,
自由之神呀,你要帮助他们!

现在,睡着了的布鲁图已经苏醒,
他正在兵营里进行鼓动,
他说:"就在这块土地,塔魁尼阿斯①
从这里跑掉,凯撒也在此地死去,
这位巨人跪倒在我们面前,
而你们还要在侏儒面前低头?"
他们是光荣的神圣的士兵,
自由之神呀,你要帮助他们!

来了,这一伟大、美好的时刻到了,
我的希望迎着它飞奔而去,
如同在秋天明朗的天幕下,
候鸟排成长长队列在飞翔,
所有的暴君都将要被消灭,
盛开的鲜花将点缀着大地——
他们是光荣的神圣的士兵,
自由之神呀,你要帮助他们!

1848 年 1 月,佩斯

**点评**:为欧洲出现的自由革命曙光欢呼、歌唱。诗人以此为契机,创作出了一系列重要的政治诗篇。

---

① 塔魁尼阿斯(前634—前510),古罗马国王,犯法被逐出罗马,权力也随之落入执政官手里。

## 我妈妈的母鸡

唏，母鸡，母鸡！
这房间是你住的吗？
瞧，最是仁慈的上帝，
给了你一份很好的工作。

你在房间跑上又跑下，
还飞到箱子上面去，
想起来就咯咯咯叫个不停，
也没人把你驱赶出去。

把它赶出去，这怎么可以！
得如同喂养鸽子似的侍候它，
让它挑拣着吃大麻籽，
王子的生活过得还不如它。

唏，母鸡，母鸡，因此
你要好好地尊重自己，
努力干活，不要让
我妈妈缺少鸡蛋。——

我们的狗——莫尔亚，竖起你的耳朵，好好听着，
我有话现在要对你说一说，
你是家里的老仆人，
你总是像人一样替我们服务。

莫尔亚，往后你也要做个好榜样，
千万不要去咬口母鸡的肉，
要跟母鸡友好相处……
它是我妈妈唯一的家禽啦！

1848 年 2 月，佩斯

**点评**：平民诗人的本色，自然、亲切、可爱。

# 一八四八年

一八四八年！那是天空
出现的一颗崭新的星星，它那殷红
的光辉投射到自由的脸上，
使自由的病躯迅速得到恢复。

神圣的自由呵，你是新一轮的救世主！
第二次降临人间，
你的生命会受到千百万人的保护，
别担心，人们不会让你紧张。

和平鸽躲藏起来了，
待在窝巢深处不敢咕咕叫；
战争之鹰煽动着翅膀，
在天空疯狂地欢叫。

嗨，怯懦的人们，你们已经颤抖了吗？

现在只是开始，只是孩子般游戏……
倘若一切都能实现，
如同我在梦中所见。

来了，来了，审判的日子到了，
伟大的上帝要举行血的审判，
但直到好人没有受奖，坏人还没有受到处罚之时，
宝剑仍然不会休息。

1848 年 2 月，佩斯

**点评**：运用最美好的语言，赞颂自由革命的到来。

## 强劲的风吹着……

强劲的风吹着，火星喷出了火焰，
你们必须留心你们的屋顶，
倘若等到太阳从山顶落下去，
我们从头到脚就得站在大火之中。

我亲爱的祖国，古老的匈牙利民族，
勇气是不是在你的体内睡去？
或者随同我们父辈一同死去？
你还值不值得身佩宝剑？

匈牙利民族，倘若该轮到你的时候，
你是否能够如同从前那样再来一次？

伟大的战士只要使用他的目光，
就比别人用武器更多地杀死敌人。

从前，我们保卫了世界，
那是在鞑靼和土耳其人的时代；
而现在，倘若伟大的工作来了，
我们能否保卫我们自己？

噢，匈牙利人的上帝，给个启示吧！
倘若生死关头即将临近，
让我们知道，你仍然统治着天国，
为的是你和你的人民的光荣。

1848年3月初，佩斯

**点评**：呼唤祖国人民起来积极参加战斗。

## 献给光荣的贵族老爷们……

光荣的贵族老爷们，
唏，你们过得还好吗？
你们的脖颈是不是
稍稍有点发痒？
现在，为你们
准备了一条崭新、时尚的领带，
……它不华丽，
但是很紧。

你们知道吗，我们
向你们请求了多少次？
要求把我们
作为人来看待，
要求让我们
进入人的行列……
然而穷苦人民的要求
总是徒然，一切全都是白费。

你们一向
把人民当作牲口；
现在，倘若人民
也把你们视为牲畜？
倘若人民像野兽般
向你们扑去，
就用你们的鲜血，
染红他们的爪和牙齿？

千百万人民，走出你们的
茅屋，冲向原野；
举起你们的镰刀、
铁锹和铁叉！
时机一旦成熟，
它自己就会作出奉献，
巨大的复仇钟声
已经敲响。

一千年以来，

那些贵族老爷们靠我们养胖,
现在,我们的狗
要靠他们养肥!
我们要用铁叉挑起他们,
扔到垃圾堆里去,
让狗把他们
当作午餐吃掉……

可是不要这样!……乡亲们,
我们得等一等!
我们要比
他们仁慈和高贵;
在上帝之后,
最神圣的名字就是人民:
我们要用诚实
来适应这一名称。

我们是伟大的人民,
我们的行为要与此相称,
让上帝欣赏地
俯视我们,
他在欢乐中
用他那万能的手,
把永恒的祝福
赐予我们。

让我们忘掉一千年来
的痛苦,

倘若现在贵族老爷们把
我们当作兄弟；
倘若他们摒弃傲慢
和头衔，
认识到我们同
他们是一样的完全平等。

贵族老爷们，倘若愿意，
你们就来吧，
这是我们的手，
把你们的手伸出来，
让我们大家都成为
铁链的一个环节，
祖国需要
我们大家为它献出一切。

我们不可能等待太久，
快快行动起来，
今天是好时刻，
明天就太迟了。
倘若现在
你们依然轻视我们，
那么，上帝就要
惩罚你们！

1848 年 3 月 11 日以前，佩斯

**点评**：对封建主义统治者发出最严厉的谴责的同时，要求他

们着眼民族大义，跟人民大众一起行动。

## 民族之歌①

站起来吧！匈牙利人，祖国在召唤！
时刻到了，就是现在，或者永不！
我们是做奴隶，或者是做自由人？
你们必须回答这个问题！
我们当着匈牙利人的上帝面前
宣誓，
我们宣誓，我们
再不做奴隶！

至今，我们过的是奴隶的生活，
这给我们的先辈也带来耻辱，
他们是自由地活着，也自由地死去，
在奴隶的土地里也不能安息。
我们当着匈牙利人的上帝面前
宣誓，
我们宣誓，我们
再不做奴隶！

再没有比那样的人更卑鄙，
倘若现在需要，他不敢去死；

---

① 1848年3月13日，维也纳发生革命，诗人于当晚写下这首诗，3月15日，佩斯发生革命，诗人站在民族博物馆的台阶上，当着在广场集合的万名群众，朗诵了这首诗，对革命起了巨大的催进作用，一时间即成为革命传诵的"马赛曲"。

他把自己渺小的生命，
比祖国的光荣看得更宝贵。
我们当着匈牙利人的上帝面前
宣誓，
我们宣誓，我们
再不做奴隶！

宝剑比铁链更为光亮，
也是更好的装饰，
可是，我们现在依然戴着铁链！
到我们这里来吧，我们古老的宝剑！
我们当着匈牙利人的上帝面前
宣誓，
我们宣誓，我们
再不做奴隶！

匈牙利这名称会再度辉煌，
将不愧于它那过去伟大的声誉；
我们要洗刷掉
几百年来强加在我们身上的耻辱！
我们当着匈牙利人的上帝面前，
宣誓，
我们宣誓，我们
再不做奴隶！

总有一天，我们的后代子孙，
将在我们坟墓前跪拜，
他们在作祝福祈祷的同时，

将一一道出我们神圣的名字。
我们当着匈牙利人的上帝面前
宣誓，
我们宣誓，我们
再不做奴隶！

1848 年 3 月 13 日，佩斯

**点评**：充满民族的勇气与激情，气势蓬勃，人民传唱至今不息。

# 一八四八年，三月十五日

匈牙利历史的缪斯啊，
你的刻刀从来没有休息过，
把它拿起来吧，将这伟大的日子，
铭刻在永恒的石柱上。

我们的祖辈和父辈，
在过去的一百年间，
从来没有像我们现在这样，
在一天之内完成那么多的事情。

煽动起来吧，煽动起来吧，
我们的思想的翅膀，
你们已经不再是奴隶，
可以自由地翱翔。

在祖国的天空飞翔吧！
在这之前，你们曾经
为它被锁在烧红的囚笼里
而痛苦不堪地哭泣。

自由的新闻出版！……从今往后，
我不再为你担心，我的民族！
你心脏里的鲜血在流动，
你半僵的身躯已经复苏。

佩斯青年们，你们的名字
将刻印在编年史里，
当祖国濒临危难时刻，
才发现你们是它的医师。

因为议会高高在上，
像以往那样，只习惯
发表空洞无物的演说；
在这里，钟声已经敲响。

行动吧，青年们，采取最后的行动！
彻底砸碎锁链；
那是亵渎上帝的手，
套在我们神圣的出版事业身上。

倘若来了雇佣兵，
等待他们的，将是这样的行动；
宁愿刺刀插进胸膛，

也不让锁链套在手上!

起来,以自由的名义,
佩斯青年们意志坚强,
在热烈的神圣的愤怒中,
我们奔赴征服敌人的战场。

是谁胆敢站出来反对我们?
我们的人成千上万,
每一张面孔,每一双眼睛,
都喷发出可怕的火焰。

一声呼喊,一声雷鸣,
这是千万人的声音,
朝着新闻出版奔去,
粉碎套在它身上的枷锁。

这还不够,……现在,我们奔向布达,
那里囚禁着一位作家①,就因为在他
意图明确的作品里,
代表了民族的利益。

我们如同一群山鹰,
飞向古老的布达,
在我们的脚下,
苍老的布达山麓即将坍塌。

---

① 指的是坦奇茨·米哈依(1799—1884),工运领导人,政论家,1846年因组织罢工而被捕入狱。3月15日革命当天被革命群众从狱中连同其他政治犯一道救出。

我们怀着胜利的喜悦，
从牢里救出被囚禁的作家，
在这古老的地方，庆祝仪式
只有在马加什①统治下才会出现！——

匈牙利历史的缪斯啊，
你就把这些刻在石柱上，
为了让后代子孙知道，
就让石柱永远地站立在那里。

而你，我的胸怀，倘若
值得骄傲，那就是自由呼吸，
在这伟大的行动中，
我曾经是英雄青年的领袖。

这么一天的统帅部，
是一生的奖赏……
拿破仑的光荣啊，
我也不愿意用它同你交换。

1848 年 3 月 16 日，佩斯

**点评**：歌颂革命，因为革命带来了自由，改变了历史，创造新的时代。

---

① 马加什国王（1440—1490），他在位期间（1458—1490），国势日强，政通人和，在文化事业上也很有建树，是一位深受人民群众爱戴的人物。

## 致自由

噢，自由，我们在注视着你！
我们渴望着等待你已经许久了，
你是幽灵那样度过黑夜，
我们的灵魂追随你在世界漂泊。

我们在天上地下寻找你，
你这位唯一的真正的上帝；
你是永恒的，其他全是偶像，
只站立一会儿，就全都倒下。

然而，你依然还在被放逐，
如同凶犯该隐四处躲藏，
要把你神圣的名字钉上绞架，
刽子手们窥伺着你的到来。

一旦长期躲藏的生活结束，
那些替你掘墓的人就倒进坟里，
统治结束了，我们引导你
去占据国王的宝座。

你就是我们法定的国王，
我们站在你的宝座周围庆贺，
围绕着你的是千百万只火炬，
点燃了我们心中飘舞的火焰。

噢，看一看我们吧，尊贵的自由！
向我们投来一束鼓励的目光，
使我们由于狂欢减退的力量，
又从你眼睛的光辉中加速增长。

但是，自由呵，你的脸孔为什么苍白？
是不是苦难的记忆又向你飞来？
或者是我们为你做得还不够？
还是你惧怕来自未来的皇冠？

什么也不要惧怕！我们捍卫你……就是一句话：
只要你举起、挥动旗帜，
追随你的队伍就会成千上万，
准备着阵亡或者赢得胜利。

倘若我们所有的人全都倒下，
午夜时刻，我们会从坟墓中走出来，
我们的幽灵……必须再次
同刚取得胜利的敌人进行战斗。

1848 年 3 月 27 日前，佩斯

**点评**：一首自由赞歌。

## 大海复活了

大海复活了，

各族人民的大海；
真正惊天动地，
可怕的力量，
掀起汹涌的巨浪。

你们可曾见过舞蹈？
你们可曾听到过这首乐曲？
要是你们不知道，
那么，你们现在就可以看到，
人民是怎样地在娱乐。

大海在摇晃，在怒吼，
海上的船在上下颠簸，
它们沉没进地狱里去，
桅杆被折断了，
帆被撕碎了。

洪水，你恣意汹涌吧，
显示出你的力量，
从你深处的海底，
把愤怒的海浪，
抛向高高的云层；

你就用它来在天上
记录下永恒的真理：
尽管船在水上行走，
水在船底下流动，

然而，水还是主人。

1848 年 3 月 27—30 日，佩斯

**点评**：人民拥有无穷力量，是世界真正的主宰者。

## 给国王们

我给的是你们很少得到的东西，
国王们，那是一句公开的真诚的话语，
不管你们是否高兴、感谢
或者惩罚讲话的人；
在蒙卡茨①有绞刑架，
但在我内心里一点也不惧怕……
不论无耻的奉承者如何说，
再也不会有亲爱的国王！

嗳……唏，这朵美丽的鲜花，
早就被你们撕得粉碎，
鲜花碎片被抛弃在大路上，
又被你们那装载违背誓言、
遍游世界的大车轮子
碾得粉碎……
不论无耻的奉承者如何说，
再也不会有亲爱的国王！

---

① 匈牙利历史名城，该地有领导匈牙利 18 世纪独立运动的拉科治家族的城堡，后来奥地利哈布斯堡王朝统治者在这座城堡设立监狱，囚禁政治犯。

人民只是忍受着你们，
忍受着，如同忍受必然的灾难，
但人民并不爱你们……在天上
已经把你们的日子结算。
不久，你们就要听拥有绝对权力的
上帝作出的伟大的宣判……
不论无耻的奉承者如何说，
再也不会有亲爱的国王！

我要不要鼓动全世界
都起来反对你们？
运用愤怒的参孙①的力量，
鼓动千百万人向你们进攻？
我要不要敲响你们的丧钟，
让你们听到钟声就发抖？
不论无耻的奉承者如何说，
再也不会有亲爱的国王！

我无须鼓动他们，因为没有这种必要：
何必使用全部力量去
摇晃那棵大树？大树上的
果实已经熟透，眼看就要烂掉！
倘若果实已经成熟，
它自然就会从树上掉落地上……
不论无耻的奉承者如何说，

---

① 见《旧约·士师记》第十四至十五章。参孙是以色列士师，力大无穷。

再也不会有亲爱的国王！

1848 年 3 月 27—30 日，佩斯

**点评：** 用最明确的语言，宣布封建制度即将灭亡。

## 现在，还有没有那样的青年……

现在，还有没有那样的青年，
他惧怕，
倘若雷电从他的
头顶上闪过？
怯懦从我们中间
滚开去，
让它躲进火炉
的角落！

我的兄弟们，
以自由的名义，
我们要坚定地
坚守岗位，
我们要表明，我们到底是什么人？
我们是
临危不惧的
勇士！

我们发出

第一道信号，
倘若我们倒下，我们身后
就会涌现出新的队列；
在世界上，
倘若只剩下两个匈牙利人：
（只要这两个人成为自由人，）
那我就不会后悔！

匈牙利的三色旗帜，
是光荣的标记！
我们要竭尽全部力量，
一定要保卫你，
从尘埃里把你神圣的翅膀
高高举起，
在我们面前，让你
在高空飞翔！

匈牙利的三色旗帜呵，
指挥我们吧！
我们不会吝惜
自己的鲜血！
从前，你的敌人未能
把你踩在地上，
现在为止，也未能用
我们的鲜血把你染红！

1848 年 4 月，佩斯

点评：动员人们奋起为自由、民族独立而战。

## 我们又在说了，仅仅在说①……

我们又在说了，仅仅在说，
舌头在转动，手在休息；
宁愿让匈牙利做长舌妇，
却不愿意它当英雄。

我们光荣的宝剑呵！
现在你刚铸成，却已经生锈，
你们会看到的，不久之后，
一切又回到它的老规矩上面去。

我站在这里，如同一匹骏马，
鞍缰已经装备完毕，
骏马打着响鼻、嘶鸣，
等候着屋里闲谈的主人。

在战场上，我会不会
像星星一样陨落？
那懒惰、笨拙的手臂的拥抱，
会不会让我窒息？

---

① 佩斯3月15日革命后，奥地利哈布斯堡王室迫于形势，不得已同意匈牙利成立民族政府，然而，当时的匈牙利议会却满足了，不想进一步采取行动，出现妥协的倾向，议员们夸夸其谈，却缺乏实际行动。

倘若只是我自己，倒也无妨，
因为一个人不等于全世界，
但是，成千上万的人，
他们都在忧虑地嚼着马勒①。

啊，青年们，我的朋友们！
你们是被捆绑翅膀的山鹰，
我的脑袋在冒火，心却冰冷了，
倘若我从头到脚把你们打量一遍……

站起来吧，我的祖国，迅速前进，
难道你希望在半路上就停止不前？
套在你身上的锁链只不过松了松，
但是还没有完全被砸碎！

1848 年 4 月，佩斯

**点评**：要求人们保持清醒头脑，不能让革命半途而废。

## 国王和刽子手

国王十分高傲地
端坐在光辉的王座上，
高贵的老爷们（卑贱的奴仆们！）
围绕着国王，舔着国王的手背。

---

① 形象的说法，隐喻人们对议会代表们空谈而不采取行动的关注和不满。

可是，王座开始摇晃了……
是不是因为地震所引起？
是地震：人民的起义！
它在明显地日益增长。

如同洪水冲垮堤坝，
人民打碎了枷锁，
现在，人民手里就握着
用枷锁碎片铸成的武器。

宝座晃动得愈来愈利害，
那些老爷们溜走了，
他们偷偷摸摸地溜走了，
只剩下一个人留在国王身边。

你们知道，这个人是谁吗？
他留下来，他不走开。
他的脸白如雪，衣服沾满鲜血，
手是死亡，他的名字叫刽子手。

国王说："他们全都跑掉了！
现在只是你和我留了下来，
因此，可以说你是我
唯一忠实的仆从！"

"我所以留在这里，
国王，我并不是你的信徒"，
刽子手走向前去说道，

"国王没有信徒"。

"他们在宝座周围走动,
他们不是别的,如同一些阴影,
当太阳照耀时,阴影才得以存在,
太阳落山了,他们也就随之消失。"

"我留下来跟你在一起,
因为你给我面包,
我们必须同在一起,
缺少一个,我们都无法活下去。"

1848年4月,佩斯

点评:他们是一对难分的双生子。

## 拉科治[①]

你是我们祖国的圣徒,自由的领袖,
是黑夜里我们的光辉的星辰;
噢,拉科治,回忆起你,
我们胸中在燃烧,悲伤痛哭。

你曾经是伟大事业的战士,
不久将庆祝伟大事业的胜利;

---

① 拉科治·费伦茨(1676—1735),匈牙利著名政治家,曾在18世纪初领导匈牙利人民起来反对奥地利哈布斯堡王朝统治,争取民族和国家独立的斗争。失败后出走国外,后死于土耳其。

可是你不会出现在胜利的庆祝会上,
你不可能从坟墓深处来到这里。

我们为了朝圣,
愿意取来你的骨灰;
但是,他们把你埋在什么地方?
你的坟墓在哪里?谁也不知道。

你被驱逐出你的民族的圈子,
连同被抹掉的还有你的名字,
一个世纪的重负,你的坟已坍塌,
躺在上面的只是一堆甲虫的外壳。

噢,但是你的英灵并没有消失,
这样的英灵是不可能消失的!
驾上你的英灵飞向我们吧,
倘若战斗即将开始。

用你英灵的手举起旗帜,
像你从前做的那样,走在我们前面;
从另一个世界大声激励我们,
巩固我们军队的心理素质。

我们冲向敌人的阵地,
倘若在我们身后伸出上百只宝贵的手,
在我们前面就会显示出上百个死亡的形象,
在我们当中,没有人掉头往回看。

倘若我们胜利的日子到来，
庆祝光荣的自由，
那么，千万人就会呼喊：
"谁开的头，就由他来负责结束！"

1848年4月21日，佩斯

**点评**：歌颂为争取民族独立、自由而战的先辈，要求人们为最后取得自由战斗到底。

## 我的妻子和我的宝剑

屋顶上有鸽子，
天空有星星，
在我的怀里，
是我亲爱的妻子；
我颤抖着的手臂
温柔地将她抱住，
如同颤抖着的树叶
承受住露珠。

我既然已经拥抱着她，
为什么不吻一吻她？
我们的吻既不多，
也不少。
我们也在交谈，
只是一半谈话，
另外的一半

已经融化在吻里。

我们享受着莫大的欢悦，
我们在进行莫大的娱乐，
我们的幸福
称得上是光亮的珍珠！
但是，我的宝剑
却不喜欢这样，
它从墙上瞪着眼睛
生气地注视着我们。

古老的宝剑呀，
你为什么
怒气冲冲地看着我们？
你是在嫉妒我们相爱？
我的同伴，用不着这样，
这跟你的为人不相符合，
如果你是个男子汉，
就不要模仿妇女的手艺。

可是，你也没有理由
替我担心，
你完全可以
了解我的妻子，
你能了解她的心灵，
一个少有的心灵，
这样的心灵，
上帝也很少创造；

倘若祖国
需要我的手臂，
她的手将会
把你佩戴在我的腰身，
把你系在我的腰上，
这样告别说：
"你们去吧，愿
你们彼此信赖！"

1848 年 4 月，佩斯

**点评**：诗人相信妻子同他心灵相通：为了自由，可以牺牲爱情。

## 致春天

年迈冬天的年轻女儿，
是可爱的春天，
你滞留在什么地方？
为什么不出现在这个世界？

来呀，来呀！
你的老朋友都在等候着你；
在蓝天底下，
擎起树林绿色的帐篷。

医治那患病的黎明吧，

现在，这可怜的家伙正在生病，
是那样苍白地蹲坐在
大地的门槛上；

它将给你带来祝福，
倘若你医治好它的病；
它哭泣，流出甜蜜、欢愉的泪水，
那是甜甜的甘露。

随同你一道来的是云雀，
那伟大的乐师，
它教我唱
美好、自由的歌曲。

你别忘记鲜花，
千万别忘记它，
你尽量多地把它携来吧，
只要你的双手能承接得住。

比死亡更伟大的，
是各地的人民，
那里有许多人
是神圣的自由的牺牲者。

你不要做
荒野孤坟下面的裹尸布，
而是要做
罩在鲜花上的面纱。

1848年4月，佩斯

**点评**：要求春天给自由战士献上鲜花。

## 倒下的雕像

在高山之巅耸立着一尊雕像，
这座山是那样的高崇，云彩
只能配做它的腰带，
夏日中午的太阳在它的肩上歇息。

那尊铜像站立在这座山顶上，
是位尊严的伟人形象，
它的一只手握着战斗的宝剑，
另一只手拿的是胜利的旗帜。

这尊铜像是怎样来到山顶上的呢？
是人们从山下把它搬上去，或者是
从天上降落下来？……这是较为神圣的，
但是，倘若是人的手竖上去，就更值得赞美。

它是天与地的共同创作，
上帝的帮助，人的劳苦；
已经过去几百年，为此，
千万人的手终于完成了这项工作。

工作终于结束了，铜像立了起来。

欧洲仰望着、注视着它，
人人都朝它跪拜，在它面前，
大家都流露出半崇敬半惧怕的神情。

山耸立着，但山顶是忧伤、冷酷的，
铜像头上的王冠到哪里去了？
也许是上苍嫉妒来自人间的这一装饰，
因此把它带往天堂？……噢，这不可能！

地震发生了，它摧毁大地上的一切，
这场灾难使铜像的基座遭受到动摇，
它从高高的山上掉进了深渊，
在深谷里被卑贱的泥坑所吞没。

我的祖国啊，你神圣光荣的雕像，
不得不在这泥潭里打滚，
被淹没在这里足足有三个世纪，
在泥泞的发绿波涛泛起的渣滓上受到腐蚀。

你周围的星星，代替你从前的王冠，
在维护着你的脑袋。
泥沼里可恶的蛀虫，
在你令人讨厌的身躯上蠕动。

噢，我的祖国，可怜的祖国！
我怎样诉说我的感觉呢？
它如同一阵昏天黑地的暴雨，
从我心底里倾泻到你的纪念碑上！

不要担心，悲伤、怯懦，全过去了，
神圣的雕像已经不在泥沼里，
它从那里被举了起来，
抬到清洁的空气里。

噢，来呀，来呀，让我们清洗它的肢体，
让它像原来那样美好无损；
来呀，人人都要帮助它洗刷，
妇女用泪水，男人用鲜血。

倘若它又将在从前的光辉里闪烁，
那么我们就能走开，去休息；我的
同伴们！……不，不能这样！此外，
又有新的艰巨的任务等待着我们。

我们必须再次竖起这尊雕像，
就在从前夸耀的山巅上，
它曾经是那样威严地
傲视着感到惊讶的世界。

站起来吧，我的民族的男女老少，
谁在偷懒，那是羞耻，
谁在工作，那是光荣，
现在，你们抉择吧：羞耻或是光荣！

1848 年 4 月，佩斯

**点评**：必须努力奋斗，让民族、国家重现辉煌、荣光。

## 黑红之歌

你们放弃这面红、白、绿色旗帜吧,
它已经过了时!
现在,配得上匈牙利民族的是别的颜色:
红与黑。
让我们把我们的旗帜染成黑与红,
因为匈牙利民族的命运将是哀悼和鲜血。

我们是大海中的一个小小的岛屿,
遭受强烈风暴的袭击,
四面八方涌来的波涛,
冲击着我的祖国。
让我们把我们的旗帜染成黑与红,
因为匈牙利民族的命运将是哀悼和鲜血。

敌人已经做好准备;我们准备了吗?
政府[①]在干什么?
理应做保卫工作的,
他却在祖国的瞭望塔里酣睡。
让我们把我们的旗帜染成黑与红,
因为匈牙利民族的命运将是哀悼和鲜血。

政府在上面睡觉,而我们
却在这里尽情娱乐,

---

① 3月15日佩斯发生革命后成立的以贵族巴江尼为首相的政府,这个政府主张推行温和路线,不跟奥地利哈布斯堡王室决裂、不符合革命的要求。

仿佛三位上帝（圣父、圣子、圣灵）
不关心别人，只关怀我们。
让我们把我们的旗帜染成黑与红，
因为匈牙利民族的命运将是哀悼和鲜血。

我想起了莫哈茨①，那是悲哀的时刻！
那时候我们也是这样干：
在餐桌堆满酒杯的周围，
我们竟然忘却了悲伤与不幸。
让我们把我们的旗帜染成黑与红，
因为匈牙利民族的命运将是哀悼和鲜血。

莫哈茨呀，莫哈茨……你是一只彩蝶，
无忧无虑地在我们面前飞舞；
土耳其雄狮追逐着它，
跟在我们后面追逐着，要一口把它吞下。
让我们把我们的旗帜染成黑与红，
因为匈牙利民族的命运将是哀悼和鲜血。

新的莫哈茨将在哪里？
那里将有二十万匈牙利勇士阵亡，
流注的鲜血将覆盖
延伸数里的平原。
让我们把我们的旗帜染成黑与红，
因为匈牙利民族的命运将是哀悼和鲜血。

---

① 1526 年 8 月 29 日，匈军与土耳其侵略军在多瑙河畔的莫哈茨进行会战，寡不敌众，匈军惨败，此后三个世纪匈牙利丧失独立，因此，这一战役被视为民族耻辱的标记。

新的莫哈茨将在哪里？
那里，祖国的太阳
再一次西落，三百年或者更长时间，
它再不显露它的面容！
让我们把我们的旗帜染成黑与红，
因为匈牙利民族的命运将是哀悼和鲜血。

1848 年 5 月，佩斯

**点评**：向人们提出忠告，要警惕历史重演。

## 你为什么追随我

为什么你总是接二连三地追随我？
你，勤劳的祖国之爱！
为什么日日夜夜向我
展示你布满思虑的面容？
你永远地同我在一起，
倘若我合上眼睛，我也看见你。

我知道我为祖国做得太少了，
但是我尽了自己的一切力量，
有些人力量比我大得多，
但是干的却比我少；
我恳求你转过身去，
只要一会儿就成，祖国之爱！

噢，让我忘掉自己是一位公民！
这里是春天，鲜花遍地开放，
天空与大地，处处充满
鲜花的芬芳和鸟儿响亮的歌声。
金黄色的云彩、和蔼的微风，
在我的上空欢乐地飘荡。

噢，让我忘掉自己是一位公民！
诗神
对我是那样仁慈，我对它
怎能忘恩负义？
就让我把精力在我的七弦琴上耗尽，
直到由于悲苦而扯断琴弦。

噢，让我忘掉自己是一位公民！
我有自己的青春和亲爱的人，
把拥有的时间奉献给喜悦、
青春和爱情，
我没有虚度时光，
还有一份未来的永恒的祝福。

嗨，那么多的神仙会聚在一起：
青春，春天，诗歌，爱情！
我能抛弃它们，让它们离我而去？
在它们后面，我渴望着伸出我的手……
来呀，到我身边来，张开你们的手臂，

让我们拥抱，我属于你们！

1848 年 5 月，佩斯

**点评**：拥抱青春，幸福和爱情。

## 怯懦的种类，渺小的灵魂……

怯懦的种类，渺小的灵魂，
你们难道不感到羞耻，脸色苍白！
倘若我手中的七弦琴，
发出一声比一声更强烈的声音？
倘若即将来临的暴风雨，
发出了尖锐的信号？
我的歌啊，如同逃脱囚笼的鸟儿，
从大地向天空飞去。

灾难已经来临，
一切事物都逃脱不了，
它带走我的大声呼喊，
还有树上的一片片树叶；
嗨，倘若风暴使出全部力量，
它将蹂躏，怒吼，
它将翻动我心底深处的痛苦，
如同把大树连根拔起。

那时候，你们怎样说，怎么干呢？

倘若世界的所有角落，
由于地震、雷鸣电闪，
全都在不间断地摇晃，
倘若如同四头野兽在搏斗，
最后，四头野兽一同毁灭，
这时，我就把我的七弦琴置于血泪里，
用我蘸满鲜血的手来弹奏！

1848 年 5 月，佩斯

**点评**：继续鼓动人民起来战斗。

## 起来！

我们当傻瓜已经太久，
现在最终成为战士！
我们已经听够了笛声，
军号啊，你就发出警报吧！

他们掌你的嘴巴，踢你的屁股，
我的祖国啊，你能继续忍受？
当愤怒的天空雷鸣电闪，
你还没有被激怒？

噢，我的民族，
他们怎能把你
永久地制约住，

就凭那些肥头大耳、心胸狭窄的人们（法官们）的话语？

或者你们就像他们说的那样，
匈牙利人已经退化了，
由于软弱、怯懦，
不能够，也不愿意斗争？

谎言，肮脏、粗野的谎言，
如同你们舌头那样大的谎言；
匈牙利人民不喋喋不休，不发怒，
他们是平和的，但内心却像烈性酒那样热烈。

只要有斗争，我们
就敢于流血！
你们将会看到，每一滴血
都会使一个敌人成为僵尸。

我的祖国，赶快行动起来！
让你驰名世界的声誉重见光辉；
那是被德国人羁绊、阴谋
所掠夺和埋葬了的。

让你的宝剑出鞘，
犹如从天空出现的太阳，
那些敢向它瞧一眼
的人全部变成瞎子。

我们当傻瓜已经太久，

现在最终成为战士!
我们已经听够了笛声,
军号啊,你就发出警报吧!

1848 年 6 月,佩斯

**点评**:号召人民跟随军号声,奋起战斗。

## 我行走在路上,你没有伴随我……

我行走在路上,你没有伴随我,
我的好天使,我美丽的妻子,
可是,我清楚地懂得,
你的心灵在追随着我的步伐。
只是,我能否知道,我的亲爱的,
你在什么形象里同我走在一起?
也许你是微风,把芳香
送到我身边,同我的头发谑戏?
或者你是黄昏时分的晚霞,
出现在天空的边际?
或者你是夜间的星星,
向我投射来银色的光辉?
或者你是一只小鸟,
在树丛中不停顿地歌唱?
或者你是这里的一朵娇美的鲜花,
向我投来你的目光,
仿佛对我说:啊,把我摘下,

带走，放在你的心上……
告诉我呀，轻轻地告诉我，
我亲爱的妻子，哪一个形象是你？

1848年6月5—6日，纳吉克洛什

点评：优美的抒情诗。

## 我的故乡

我就是出生在这个地方，
阿尔弗勒德广阔、美丽的平原，
这个城市是我的出生地，
仿佛我保姆的歌谣还在那里飘荡，
现在我依然听到这响亮的歌声：
"金龟子，黄灿灿的金龟子！"

我离开这里时还是个小孩，
返回来时已经长大成人，
嗨，时间已经过去了二十年，
那是充满哀伤和欢乐的
二十年呵……时间消逝了！
"金龟子，黄灿灿的金龟子！"

我从前的伙伴们，现在你们在哪里？
哪怕我只看到你们中间的一个也好呵！
你们就坐在这里，我的身旁，

让我忘记我已经是个成年人，
我的肩上已经有了二十五个年头……
"金龟子，黄灿灿的金龟子！"

如同枝头上不安静的鸟儿，
我的思想到处飞来飞去，
撷取许许多多美好的回忆，
如同蜜蜂从鲜花中取蜜；
走遍从前每一个熟悉的地方……
"金龟子，黄灿灿的金龟子！"

我是个孩子，我又重新变成孩子，
我吹着柳木笛子，
骑着烈性的芦苇骏马驰骋，
走到水井旁，我的马儿要饮水，
喝呀，喝呀，别佳①，我的马儿……
"金龟子，黄灿灿的金龟子！"

晚祷的钟声敲响了，
骑士和他的坐骑疲倦了，
我转回家去，躺进我保姆怀里，
她唱起催眠的歌谣，
我听着，听着，就进入蒙眬的睡乡……
"金龟子，黄灿灿的金龟子！"

1848年6月6—8日，菲尔且哈若

---

① 别佳，在匈牙利语中，意思是"强盗""侠盗"，这里用作马的名字，具有亲切之意。

点评：深深的故乡情。自然、抒情。

## 匈牙利人民

匈牙利人民自由了，最终自由了，
在这之前，他们戴着手铐脚镣，
佝偻着背，是套着枷锁的奴隶，
与其说是人，不如说是像牲口。

匈牙利人民自由了，能昂起头了，
可以随意活动自己的手，
在这之前，锁链把他们紧紧锁住，
现在，人民紧握着锁链铸成的宝剑。

匈牙利人民自由了……德国佬，你们的日子到头了！
再不能支使这个国家的人民，
再不能用水蛭的方式吸他们的血，
由于你们的罪恶要受上帝的惩罚。

在这块土地上，难道多特人①和德国人还是老爷？
在这块土地上，流过多少匈牙利勇士的鲜血？
匈牙利人的鲜血赢得这光荣的祖国，
一千年来，匈牙利人用鲜血保卫它。

在这里，只有匈牙利人是唯一的主人，

---

① 即斯洛伐克人。

谁想要站在我们的头上，
我们就要骑在他们的头上，
用我们的刺马针插进他们的心脏！

当心呀，匈牙利人，夜里也要警醒，
谁知道你的敌人什么时候发起攻击？
倘若敌人来了，让它看到我们已经有所准备，
连垂死者也不要躺在床上安歇！

祖国和自由，就这两个词语，
婴儿首先要从保姆那里学习，
倘若在战场上死亡来到了，
作为成年人，最后喊出的也就是这两个词语！

1848 年 6 月，佩斯

**点评**：祖国与自由，必须用战斗来保卫。

## 致国民代表会议

你们站在大厅的台阶上，
不久，从大厅将传出决定民族命运的信息，
请稍稍等一会，不要急着走进去，
请倾听一下我的警告的言辞……
说话的是一个人，却是以千万人的名义！

那个祖国，我们先辈

用他们的汗水和鲜血赢得的
那个祖国已不复存在，只有
它的名义在我们中间漂泊，
如同午夜里从坟墓中返回的幽灵……
那个祖国已不复存在，
旧时代的蛀虫已经蛀空它的墙角，
新的暴风雨又掀掉了它的屋顶，
现在，它的住户只能像野兽、鸟儿
那样，在露天下寄宿。
像我们先辈一千年前做过的那样，
现在，你们也要来做一遍：
无论用多大力量，也无论作出多大牺牲，
哪怕牺牲到最后一个人，
你们也必须为你们创建一个祖国！
一个崭新的祖国；它比旧的更美好、
更牢固；你们必须创建起来
一个崭新的祖国；那里再也
不会有那些傲慢、特权的巨大塔楼；
那里是黑暗的洞穴，蝙蝠的窝巢。
一个崭新的祖国，那里的每一个角落，
都充满阳光和清新的空气，
人人都能看到这一切。
当然，我不是说，把旧建筑的
所有基石全部抛开，
但是，作为基础的每一块石头，
你们都必须仔细看一看，
凡是酥松了的，就坚决地把它换掉，
也不要管它跟什么神圣的纪念有关，

因为基础不牢,房子就要遭殃。
那时你们的努力将白白浪费,
只要一分钟,整个建筑就要坍塌,
坏的主人,总是建造新的房子,
但是,不是今天就是明天,他最后就会破产。
不是所有的人都考虑到,
他为什么投身于这桩事业?
你们是否知道,你们在这里
赢得的是巨大的光荣,
是为了艰苦工作而来的!
谁要不是被爱国情怀所激励,
纯洁的意图吸引到这里,
谁要是被谎言或者恶劣的自私自利
骗到这个地方来,那他亵渎神明的
脚就不要踏上这神圣的台阶,
这是因为,倘若他一走进去,再从里面出来,
诅咒和耻辱就将成为他的仆从,
跟随他回家,随后就同他一道走进坟墓。——
你们,只要你们心中的偶像,
还不曾排挤掉真正伟大的上帝,
你们心中的祖国之爱,
像教堂圣坛上的明灯还在照耀着,
那么,你们就进去,开始你们的工作吧!
祝愿你们的工作是那样伟大、幸运,
全世界的目光都在注视你们,
一旦看见了,他们都将表示惊异:
说大厅里的人都理应得到幸福,

那些建设者们理应受到崇敬！

1848 年 7 月 4 日，佩斯

**点评**：明确宣示政治主张，要求建立新的国家。

## 让匈牙利人重新成为匈牙利人……

让匈牙利人重新成为匈牙利人，
因为至今匈牙利人不是匈牙利人，
他们怎能是匈牙利人呢？他们是奴隶，
当奴隶的人，绝对不是匈牙利人！

让匈牙利人重新成为匈牙利人，
要把套在他们身上的枷锁打得粉碎，
如同秋风把枯黄的落叶，
唰唰地扫落地上！

让匈牙利人重新成为匈牙利人，
手持宝剑，
阳光照射在宝剑上闪闪发亮，
显示出威武雄壮！

让匈牙利人重新成为匈牙利人，
脸上露出鲜红的火焰，
人人高擎旗帜，
作为投入战斗的标志！

让匈牙利人重新成为匈牙利人，
千万人同是一颗心，
同仇敌忾，
在敌人的耳边发出惊人的响声！

让匈牙利人重新成为匈牙利人，
勇武地站立在原野上，
让这个世界，伟大的世界，
准备着观看奇迹！

让匈牙利人重新成为匈牙利人，
直到世界的末日，
或者直到可怕而光荣地
一个不剩地全体灭亡！

1848 年 7 月，佩斯

**点评**：摆脱奴隶枷锁，要成为勇敢、自由的民族。

## 你们为什么挡住我的去路？

你们为什么挡住我的去路？
你们放我过去吧！
我的愿望引导着我向前，
我但愿做实事，不求辉煌。

祖国在危难中①！它号召
所有的儿子投入行动中去，
我站立在希望的岩石上，
上百次同声呼喊着我的心灵。

我的牢固的希望坚如磐石，
坚如磐石，从不动摇，
在我站立的地方留下光荣，
为了祖国，我做了许多事情。

行动的愿望，行动的力量，
它如同一条山野的溪流，
从我身上流过，它的浪花
随同不可抑制的喧嚣涌入深谷。

我仰望夏日中午的太阳，
我的眼睛不感到疼痛，
我俯视旋涡的深处，
勇敢地看去，不感到头晕。

在普通的日子里，
只管站到别的地方，
但是，倘若人们动摇了，
我就站在那里，我不动摇。

---

① 1848年9月，奥地利政府背信弃义，向匈牙利发动反攻，巴江尼政府被迫辞职，领导权转入由柯苏特·洛约什（1802—1894）领导的国防委员会手中，柯苏特向全国发表演说，号召人们参军，保卫祖国。这是演说中的著名口号。

令人恐怖的日子将要来到，
现在，只有在月黑夜，
恐怖的幻觉直到发疯，
才会在梦中见到。

为了我的工作……
我不期待荣誉和奖赏，
必须无条件地尽职尽责，
我的责任就是为祖国而工作。

而荣誉呢？它随同上帝的声誉
继续前进，
当我能够在怀里拥抱忠实妻子时，
我不须要卖弄风情的姑娘。

你们为什么挡住我的去路？
你们放我过去吧！
我的愿望引导着我向前，
我但愿做实事，不求辉煌。

1848年7月，佩斯

**点评**：在祖国革命事业面临危急之时，诗人表示要投入实际的战斗。

## 一年前的今天……

一年前的今天……

那时，你成了我的未婚妻
一年了，就在今天，我第一次
亲吻你，我亲爱的人。

亲吻是甜蜜的，
它从你的嘴唇落在我的嘴唇，
但是，有谁相信，又有谁相信？
现在，你的吻更甜蜜。

时光像小蝴蝶似的飞走了，
是风将它簇拥而去，
生命明显地在消融，
生命明显地在枯萎。

啊，凋谢吧，这是上帝的旨意，
我并不为此而苦恼；
如同从生命之树上掉落，
并没有给我带来损害。

从我生命中枯萎的，
如同爱情而复活了……
在我生命中消逝的，
我的爱情又以同样的分量在增长！

1848 年 8 月 5 日，佩斯

**点评**：爱情的力量是无限的。

## 仑克依连队

我用栎树叶子，
编织一只花环，
花环上闪烁着
我欢悦泪水化成的露珠……
我把这只花环献给谁？
我怎能把它献给别的人，
除了勇士仑克依的
轻骑兵连队！

就是这支连队，
就是这些年轻的小伙子！
他们才能跟我们的祖辈
相比美。
无可争议，他们体内流动的
是古老、优秀的匈牙利人的血……
虽然我可以献给他们
比这支歌更大的报酬！

他们是光荣的儿子！
倘若你们信不过我，
那就请你们往那边看一看，
他们在如何动作。
我沉默不语，
让他们的行动诉说……
你们将会百遍欢呼，

欢呼他们万岁!

在德涅斯特河①的对岸,
马里安波尔②城里,
波兰③的国土上,
驻扎着一个团队轻骑兵。
漂亮的匈牙利轻骑兵,
年纪轻轻的小伙子们,
一点烦心的事都没有……
他们怎能不欢欣鼓舞?

他们欢欢喜喜,
彼此相互夸耀;
但是,那里也有一个连队,
他们一点也不感到欢乐。
快活的团队,
享受着生活的欢乐,
他们中间有支连队,
既悲伤又痛苦。

为什么悲痛?
优秀的匈牙利轻骑兵,
为什么有些人眼睛里
泪水涌流?
我们怎能不悲伤?

---

① 立陶宛境内的一条河流。
② 德涅斯特河沿岸的城市。
③ 当年的立陶宛属于波兰国土。

我们怎能不悲伤?
当我们亲爱的匈牙利祖国,
处在危难之中的时刻。

多特人,拉兹人①和德国人
都朝着我们龇牙咧嘴;
让他们遭受
电闪雷击!
我们想的是
保卫祖国,
即便是在外国的土地上,
我们也要尽职尽责。

就这样,忧伤和痛苦
在折磨着他们……
他们在彼此交头接耳……
他们到底说些什么?
他们悄悄地说话,
他们的脸色尤其神秘……
酝酿着一个巨大的计划,
既伟大又危险。

当一个如此邪恶意图,
在他们中间酝酿时,
他们怎能当众谈论?
当然只能在秘密中策划。

---

① 匈牙利对塞尔维亚人的称呼。

在他们的头脑里，
转动着怎样冒犯神灵时，
难道他们不该
在暗地里进行。

他们不是亵渎神灵，
他们只是想要：
援助受到伤害的
匈牙利人民，
他们要回到
祖国的土地上进行援助，
那里已经流淌着
匈牙利人的鲜血。

这就是优秀的轻骑兵
心中的意图，
他们所以要保守秘密，
这里面有着重大原因……
他们已经走到这一步，
只有在秘密中活动，
才能触及到你，
神圣的爱国主义！

在一天深夜，
这支连队
来到德涅斯特河
流经的河岸……

从前勇士阿尔帕德①
就在此地河岸歇息,
在他取得
阿蒂拉②的国土之前。

杰出的轻骑兵,
他们站在这种神圣的土地上,
在这里,他们张大嘴巴,
发出神圣的誓言;
匈牙利将乐意
看到他们,
他们将要
保卫匈牙利!

当他们发出
誓言之后,
一个个跃进
德涅斯特河,
在夜间的黑暗中,
他们的坐骑,
很幸福地驮着
他们渡过对岸去。

他们朝着祖国的方向

---

① 阿尔帕德(？—902),最早的匈牙利七个氏族公推的领袖,他率领匈牙利人沿多瑙河进入现今的国土,于公元896年实现定居,为开国奠定基础。
② 阿蒂拉(406—453),匈奴人领袖,于公元5世纪领军入侵欧洲,曾驻扎在现今的匈牙利国土上。

前进，走向未来。
嗨，突然间，在他们身后，
出现了一个什么人？
他是仑克依队长，
就是这支连队的队长，
他竭力追赶队伍，
因为他受了重伤；

"小伙子们，你们站住！
你们赶快转回来，
将军派我来
把你们召回去！"
然而，轻骑兵们
并没有转身往回走，
甚至这样回答
队长：

"队长先生，
要想命令我们服从，
你必须同我们往前行，
而不是往回走。
勇士队长先生，
率领我们吧！
我们多么需要
像你这样的人！"

"任何人都不可能
让我们从这里转回去，

不论他是将军，
也不论他是上帝，
不要对我们谈论
我们的职责，
比起我们的职责，
祖国更为神圣！"

队长是一位
顶天立地的匈牙利人，
他不再责难
这队士兵，
他同他们一道走，不在后面，
而是勇敢地走在前头，
他们终于回到
亲爱的国土。

在这你们从心底里思念的
祖国的土地上，
我们用热烈的拥抱
来欢迎你们，
勇士们，好兄弟！
我们一千遍地向你们致敬！……
不管国防部长
说些什么！

1848 年 8 月，佩斯

**点评**：一首爱国连队的赞歌。

## 共和国

共和国，自由的孩子，
自由的母亲，世界的施恩者；
你，流亡者，如同拉科治们，
我从远处预先向你致敬！

现在，当你还在远方时，
当你的名字被恶毒诅咒时，我崇敬你！
当有人准备将你紧紧地捆绑时，
那他才是最值得崇敬的人。

现在我崇敬你，向你表示欢迎；
倘若你从高处以胜利者的姿态，
俯视躺在血泊中的你的敌人时，
将会有足够多的人崇敬你。

你将会胜利，光荣的共和国，
尽管天与地在你面前设置了障碍，
你将是一位新的、神圣的拿破仑，
你将占领整个世界。

倘若你那闪烁爱的神坛明灯、
美丽温柔的眼睛不能引导人，
那么，你强有力的手会指引他，
你手里握着导致死亡的宝剑在闪亮。

你将会胜利，倘若建立
凯旋门，那一定是为你而准备，
或者在鲜花斑斓的草地，
或者在鲜血流淌的红海里！

我愿意知道，我是否
会出现在胜利的光辉的庆祝会上？
或者是，那时死亡已经把我带走，
供养在坟墓的深处？——

倘若我赶不上这伟大的日子，
朋友们，那么你们就纪念我……
我是共和主义者，即便是
在地下，在棺材里也是共和主义者！

到我身边来吧，你们就在我的坟头
高声喊叫：万岁，共和国！
我会听到；那时，和平将会
降临这受追逐、痛苦的心的尸骨。

1848年8月，佩斯

**点评**：坚定的共和国信奉者。

## 三只鸟儿

我喜爱这样的三只鸟儿，

我来说说歌颂这三只鸟儿的歌儿。
如果对我是那样的美好，
我当然是十分喜欢它们，
它们给我赢来了
这许多幸福和欢乐！

第一只鸟儿是一只娇小的山雀，
冬天的寒冷没有伤害它，
任何灾祸也没有打扰它，
冬季，在大风暴里它欢乐地歌唱，
欢快地在树枝上跳跃，
如同蝴蝶在鲜花丛中飞来飞去，
如同无忧无虑的孩子那样跳跃，
来了，又走了，厌烦跟它无关，
眼睛也几乎跟不上它的步伐。——
你的脾性就是这只山雀，我亲爱的人！

第二只鸟儿是只夜莺，
它躲藏在树丛的昏暗中生活，
在那里，别人看不见它，它也看不到别人，
对它来说，小小莺巢就是整个世界，
倘若它开始歌唱，就在这里唱个不停，
黄昏抑制了一切声音，
不让打扰它的歌唱，
让大地和苍天欣赏，
欣赏它的歌喉，最好是在我们的梦境里，
它在歌声中给我们带来莫大的欢愉，
它的一切声音既埋葬了一次悲伤，又产生了一次欢乐，因为它的每一个音符都是一次神圣的爱情。——
这只夜莺就是你的心，我亲爱的人！

第三只鸟儿是一头年轻的山鹰，
它勇敢地在高空展翅翱翔，
它同雷鸣电闪共处一室，
把目光投向太阳，
在平静的时刻里，它独自在歇息，
倘若风暴一旦来临，狂风怒吼，
山鹰就从微睡中惊醒，
并立刻投进风暴的怀抱，
以吓人的勇敢和可怕的速度，
如同骑着骏马，
任凭它到处驰骋，
这头山鹰就是你的灵魂，我亲爱的人。

你是孩子的脾性，女子的心，
男子的灵魂，你，是美妙、甜蜜
的创造物！我真的不知道，
什么更重要；是我的爱，还是我的赞美？

1848 年 8 月，佩斯

**点评**：诗人喜爱的是山鹰，是勇敢的灵魂。

## 致民族

让危急的钟声敲响！

也要把一根绳索递到我手里！
我颤抖，但并不是出于恐惧：
我心底里涌起痛苦和愤怒。

我痛苦，因为我看到新的暴风雨，
正朝着我摇摇欲坠的祖国逼近，
我愤怒，因为我们还在消磨时间，
梦境还没有从我们眼里逝去。

这个民族只稍稍醒了一会儿，
周围打量打量，这个世界上什么声音在喧哗？
然后又转过身去，
现在，它又重新进入甜蜜的梦乡。

醒来吧，醒来吧，受上帝惩罚的民族，
你本来可以站在那里的最前一排，
由于你该诅咒的懒惰，
你常常落在后面，懒散地躺卧。

醒来吧，我的祖国，倘若现在不醒来，
你将永远醒不过来，
即使你醒了，那也只有那么一点时间，
只来得及把你的名字刻在你的墓碑上。

醒来吧，我的祖国，一个世纪的过错，
用一个伟大的小时可以弥补，
"赢得，或者失去一切！"
我们要把这写到上千面旗帜上去。

我们过着太久的困苦生活，
这个国家曾经是我们的，而又不属于我们；
现在，我们最终要表明态度：
谁也不要插手我们的事务。

倘若命运注定我们必须灭亡，
那就让他们把我们从这个世界上消除掉！……
我不否认，我害怕死亡
但害怕的只是死得没有价值。

倘若我们没能自由地活着，就让我们死亡，
我们要死得美好，死得勇敢，
让那些把我们从大地上消灭掉
的人们，也要为我们哀伤！

让我们所有的人，
都像兹里尼·米克洛什①的子孙，
让我们所有的人，
都像祖国的唯一支柱那样进行战斗！

噢，那样我们就不会失败，
那时，等待着我们的将是生活和荣誉，
我们也就独自永远占有
至今只是渴望的东西。

---

① 兹里尼·米克洛什（1620—1664），17世纪匈牙利抗击土耳其入侵的民族英雄，他不但是一位杰出的军事家，同时也是一位著名诗人，有长篇史诗《塞格德之危》传世。

起来，我的祖国，起来，我们民族，匈牙利人民！
迅速奔赴战场，
如同闪电那样，以出乎意外的
巨大力量，去打击你的敌人。

你不要问，哪里有你的敌人？
凡是你看到的，到处都有敌人，
而最大、最危险的敌人，
是那个如同兄弟般抚摸你胸膛的人。

最大的敌人就在我们中间，
就是那卑鄙、背叛的兄弟！
如同一滴毒汁毁掉一杯酒，
他们一个人就伤害上百个人。

判处他们死刑！不要管
行刑手举起的刀斧落下千万次，
也不要管涌出的鲜血
从街头、从窗户流进屋里去。

我们的外部敌人容易对付，
如果把内部的这伙无赖消除掉……
现在，我放下七弦琴……跑上钟楼，
去敲响那危急的钟声！

1848 年 8 月，佩斯

**点评**：要求刚刚奋起的民族不要停顿，必须将战斗继续下去。

# 革 命

胆怯的懦夫们被我的歌吓得脸色苍白，
我的歌是风暴的预兆，革命！

悲哀的时代，黑暗的日子，
啊，民族，人民，统统被祖辈遗弃！

你刚刚脱掉脚镣，
手上又重新戴上了沉重的手铐。

你病态的脸孔布满旧日的尘埃，
瞧，你的命运又重新被践踏在泥土里。

不是命运，不是命运，而是
你的儿子们愿意重又贬低自己。

这是卑鄙，可耻的行为，
比遭受上苍的惩罚更加可怕！

噢，祖国，你愿意低下你神圣的脑袋？
用肮脏的帽子代替驰名的桂冠？

从前，你的脖颈被强制上了套，
祖国啊，现在你要把它取下来。

暴君用铁链锁住我们的尸体，

人民将为我们举行胜利的埋葬仪式。

埋葬我们的山丘将成为暴君的宝座，
让他们在坟墓里的蛆虫身上施行暴力！

可是，祖国啊，你不要抛弃你自己，
愤怒的火焰就在你的脸上燃起。

你手中紧握着宝剑……
倘若不是你，还有谁能光荣自由地活着？

快送过来吧，亲爱的，你的亲吻，
快送过来吧，孩子，你的酒杯！

当喝干杯中的酒，大声亲吻时，
就能举起发出信号的旗帜。

胆怯的懦夫们被我的歌吓得脸色苍白，
我的歌是风暴的预兆，革命！

1848 年 8 月，佩斯

**点评**：诗人的歌是锐利的武器，是革命的号角。

## 子弹在呼啸，军刀叮当响

子弹在呼啸，军刀叮当响，

殷红的鲜血染遍绿色的原野，
战斗的喧嚣惊天动地，
勇敢的诗人，你还待在家里！

就因为你曾经歌唱战斗的希望，
就因为你曾经歌唱你的勇敢，
而一旦准备战斗的时候，
你却同怯懦的心待在角落里？——

全世界都这么纷纷议论，
讽刺的箭镞不断地向我飞来，
而我只是对我自己微微一笑，
因为我有自己的想法。

我只是想：只有怯懦的人们，
现在不能战胜受辱的自我，
也不能战胜从前的荣誉！……
我不想别的，就是想这件事。

任何人都无须向我解释，
我很明白，我的位置在哪里？
倘若我在这里完成了我的义务，
我就奔向战场，哪怕是进入地狱！

1848 年 8 月，佩斯

**点评**：诗人公开宣布，他必将走上保卫革命果实的战场。

## 小树丛向风暴致意

啊，你这位愤怒幽灵的兄弟，风暴，
慢一点吹吧！别让你的狂怒吹散我树丛的影子！
我是一座教堂，圣坛是我的窝巢，
圣坛的神父是只小夜莺，
别伤害它，让它用它的歌声赞美
上帝、大自然和共同的圣母！

1848 年 9 月 8 日，若格里克特

**点评**：让夜莺在静静地歌唱。

## 虔诚的诗人们，你们歌唱什么？

"虔诚的诗人们，你们歌唱什么？
这样的时刻，为什么还需要诗歌？
世界也不需要听你们歌唱，
你们的声音已经淹没在战场的喧嚣里。

好青年们，现在放下七弦琴吧，
你们美妙的音乐不会带来好处，
你们明白，云雀的歌喉
会被雷鸣所吞没。"

这是可能的。但鸟儿不懂这个道理，

能让鸟儿在高空沉默吗?
云雀在高高的蓝天上,
依然为上帝和它自己歌唱。

诗歌自己会从我们心中飞出,
倘若接触到痛苦或者欢乐,
歌儿呀,飞吧,如同在微风中飘荡的、
脱离枝头的玫瑰花瓣。

同伴们,现在我们歌唱,
甚至让七弦琴比以前更响亮,
让它奏出一声声清澈的天音,
渗入进大地混乱的喧嚣中去!

半个世界已倒进废墟⋯⋯
荒凉的景象刺痛了我们的眼睛和心脏,
就让我们的歌声、心灵如同
常春藤般布满这荒芜的废墟。

1848 年 9 月,佩斯

**点评**:让诗歌给世界带来新的希望。

## 致塞克伊人①

天空处处布满乌云，
一颗孤独的星星在其中闪烁，
这颗星星是匈牙利人民的象征，
它被带到异族人民中间。

世界之大，没有我们的兄弟，
没有人关心我们的不幸，
不，世界没有给匈牙利人以兄弟情谊，
我们看到的，全都是敌人。

倘若匈牙利人也抛弃匈牙利人，
那么，将不会有人跟他在一起，
倘若乌云降临他的头顶，
他就像天空的星星一样消失。

起来，塞克伊人，我们有着共同敌人，
他们伤害我们，同样也伤害你们，
铁链锁着我们，同样也锁着你们，
让我们一道粉碎这共同的锁链！

让全世界都反对我们吧！
我们最终必须成为自由人；
我们对此绝不怀疑，

---

① 是居住在埃尔代伊（现属罗马尼亚的特兰西瓦尼亚）山区的匈牙利少数民族。他们在1848—1849年革命战争中作战英勇，为革命作出很大贡献和牺牲。

因为真理和上帝同我们站在一起。

我们应当表明：匈牙利人
不像蜡烛，随便可以将它吹灭；
匈牙利人必须永久地生存下去，
决不允许再做奴隶！

起来，塞克伊人，向敌人冲去，
倘若不是塞克伊人，谁敢面对敌人？
因为阿蒂拉是塞克伊人的祖先，
必将得到上帝的保佑！

维也纳，你徒然豢养一批恶棍，
你可以支使拉兹人、霍尔瓦特人向我们进攻；
但匈牙利人将永远站立，
我们将永远自由地生活下去！

1848年9月，佩斯

**点评**：匈牙利人民为民族独立、自由的斗争必将取得最后胜利。

## 生与死

从喀尔巴阡山脉到下多瑙河流域，
一阵阵急风暴雨，一声声狂暴的呼号！
匈牙利人披头散发，满脸鲜血，

在暴风雨中间勇敢地站立。
倘若我不是生来就是匈牙利人，
我也要站在这个民族一边，
因为在这个地球上，在众多民族中间，
它被遗弃了，是最被遗弃的一个民族。

可怜的人民，你是无依无靠的民族，
你犯了什么过失，以至被抛弃？
上帝、恶魔以及一切反对你的人，
都在你的生命之树上任意蹂躏，
他们为什么要用愤怒的手
疯狂地撕扯绿色的树枝？
在这之前，他们还在这棵大树树荫下
歇息，长达几个世纪。

拉兹人、霍尔瓦特人、德国人、
多特人、奥拉赫沙克人，①
你们大家为什么要撕咬匈牙利人？
匈牙利人手持闪亮的军刀，
保护你们免受土耳其人和鞑靼人的伤害，
倘若我们获得好运气，
我们就同你们共同分享，
堆积在你们肩膀上的不幸，
我们总是替你们分担一半。

现在，感谢上帝！……不忠实的国王

---

① 匈牙利境内的少数民族，在1848年革命斗争中，受到奥地利哈布斯堡王室挑唆反对匈牙利人。

运用恶毒的企图挑唆你们，
以贪婪的食欲向我们冲来，
如同乌鸦飞落死人的尸体。
你们是一群乌鸦，可恶的饥饿的乌鸦，
但是，匈牙利人并不是死人的尸体，
不，我们向我们的上帝宣誓！它不是一具死尸，
它将用你们的血涂抹天空的黎明。

让事情如同你们的意愿那样发展吧！
奔赴战场进行一场生与死的搏斗，
只要在匈牙利的土地上还有一个敌人，
就不可能有和平，
只要坏人心脏没有流尽最后一滴血，
就不可能有和平，
倘若你们无须把我们当作朋友，
那么，现在你们看到的就是法官。

起来，匈牙利人民；反对这群无赖，
他们掠夺你们的财产，毁灭你们的生命，
起来，投入伟大的神圣的战争中去，
起来，进行最后的审判！
他们同我们斗了几个世纪，一无所获，
难道现在在一年之内就能把我们杀尽？
从前，我们同雄狮进行过搏斗，
现在，难道这种勇敢行为不复存在？

起来，我的民族，起来！
要牢记你那征服世界的著名的先辈。

一千年来，他们一直以审视的目光
看着我们，从阿蒂拉到拉科治。
嗨，过去是多么的辉煌！只要我们
具有伟大祖先一半的分量，
我们的阴影就会在泥潭里消失，
敌人的兵营就将淹没在血泊中。

1848 年 9 月 30 日，埃尔多特

**点评**：揭露敌人（奥地利王室）的阴谋，要求匈牙利人民战斗到底。

## 年迈的擎旗手

耶拉契奇①向维也纳方向逃跑，懦夫！
我们的军队在他的军队后面跟踪追击，
他惧怕匈牙利军队，慌忙逃跑；
匈牙利军队里有一位年迈的擎旗手。

这位年迈的擎旗手是谁？
他竟然具有那火一般的激情！
我骄傲地注视着他，
这位老人就是我的父亲！

这位年迈的擎旗手就是我的父亲，
"祖国在危难之中！"这伟大的号召

---

① 耶拉契奇（1801—1859），当时任克罗地亚总督，受奥地利王室支使，领兵镇压匈牙利革命，遭到革命军反击后逃往奥地利境内。

传到他的病床，传到他的耳边，
于是，他手里挥起旗帜，代替枴仗。

他肩负着困苦的一生，
经受着病痛和五十八岁的重压，
他忘掉一切不幸和痛苦，
作为战友站立在青年人当中。

在这之前，他的一双腿，
几乎无法从桌子旁走到床边，
现在，他奋力追逐敌人，
他竟然又恢复了青春。

是什么原因促使他走向喧闹的战争？
他是个没有财产的户主，
不担心需要保护什么东西，
更不害怕钱财落到敌人手里。

可以说，他连一块能容纳得下
他的棺材的土地都没有，
然而他还是举起旗帜，
走在保卫祖国者的前头。

他奔赴战场，因为他一无所有；
财主进行战斗，但不是为了祖国，
而是为了保护他的财产……
只有穷苦的人才热爱他的祖国。

我亲爱的父亲，在此之前，
我曾经是你的骄傲；
现在，事情最终倒了个个，
你成了我的骄傲。

你值得戴上一顶桂冠！
我几乎等不及了，让我再看你一眼，
我由于高兴而颤抖，让我亲吻
你那高擎神圣旗帜的手。

倘若我再也见不到你，
我将会看到你辉煌的荣耀；
我的泪水将化成你坟头上的露珠，
你的名声就是那吸干露水的太阳！

1848年9月17—22日，埃尔多特

**点评**：英雄父与子，为了保卫祖国、民族独立自由，共同奔赴战场，不愧是忠诚的爱国主义者，可尊可敬！

## 离　别

刚刚是黎明，又已经到了黄昏，
我刚刚来到，又要离去，
我刚刚向你问候，
又要向你辞别，必须分别。
愿上帝祝福你，我美丽、年轻的妻子，

我的心，我的爱情，我的灵魂，我的生命！

我手里拿起军刀，代替七弦琴，
我曾经是诗人，现在是士兵，
在这之前，金星指引着我，
现在，红色的北极光向我闪烁。
愿上帝祝福你，我美丽、年轻的妻子，
我的心，我的爱情，我的灵魂，我的生命！

不是对荣誉的渴望使我离开你……
我头上已经容纳不下
全部用玫瑰编织的幸福的桂冠，
我不会为追求荣耀而低下脑袋。
愿上帝祝福你，我美丽、年轻的妻子，
我的心，我的爱情，我的灵魂，我的生命！

不是对荣誉的渴望使我离开你，
你知道：它在我心里早已死去，
倘若需要，我要为我的祖国流血，
为了我的祖国，我进行血的搏斗。
愿上帝祝福你，我美丽、年轻的妻子，
我的心，我的爱情，我的灵魂，我的生命！

倘若没有任何人起来保卫祖国，
我也必须站起来保卫它，
现在，当所有的人都奔向战场时，
我还能单独地留在家里？
愿上帝祝福你，我美丽、年轻的妻子，

我的心，我的爱情，我的灵魂，我的生命！

我并没有说：你要想着你的丈夫，
在我为祖国，也是为你而战斗的时候，
我了解你，我也知道，你只有
一个思念，那就是我。
愿上帝祝福你，我美丽、年轻的妻子，
我的心，我的爱情，我的灵魂，我的生命！

也许，我带着残废的躯体回来，
但是，你依然是爱着我，
我可以向我的上帝发誓：
我带走的现在又带了回来；那就是
完整的忠诚的爱情。
愿上帝祝福你，我美丽、年轻的妻子，
我的心，我的爱情，我的灵魂，我的生命！

1848 年 9 月 17—22 日，埃尔多特

**点评**：诗人以战士身份，奔赴战场前写给妻子的诗篇，情感与意志融汇，感人至深。

## 你们是这个花园里的槐树……

你们是这个花园里的槐树，
你们是心灵美好的树木，
每根枝条，对我的心来说

都是那样的宝贵。

亲爱的树呀,我向
你们致敬,祝福你们;
我也祝福那些
栽种你们的人。

雨露和阳光的祝福,
遍布所有的树上,
你们颤巍巍的树冠,
传出快活的鸟儿的歌唱。

永恒的春天,
就居住在你们绿色的浴室里,
像我一样,
你们的生活是那样美好,

在这里,我第一次
看见我亲爱的小鸽子,
在这里,我第一次看见她,
就在这些槐树底下。

她就是坐在树下,
对着我,面对面地坐着,
就在这里,爱情
从她的眼睛飞进了我的心窝。

我知道，怎能不知道呢？
虽然那已经是过去的事情，
在那里，那一刻，
燃起了我爱情的黎明。

就是这个黎明！
无须装饰，
你无边无际，
你是亘古创造的太空。

这个黎明已经消失了，
我已来到中年，
也许已不那么浪漫，
可是更加热烈。

什么时候黄昏就要来临？
我爱情的黄昏？
你不用为此担心，
为我好心祷告的妇女。

迟早它总会来的，
倘若它要来，也即将来临，
让它成为罩在我们脸孔上
美丽的金色面纱。

倘若它愿意躲进地里，
那么，天空的星星

将照耀我们绿色的坟头，
就在那黝黑的夜间。

1848 年 10 月 28 日，纳吉卡洛伊

**点评：**相伴一生，不离不弃，这就是值得歌颂的真爱。

## 请向士兵们致敬！

我是军官……倘若士兵看见我，
敬礼后从我身边走过，
我满脸通红，在心里想道：
这不公正，一点儿也不公正，
我们应当感谢的是他们，
因为他们比我们做出更大的成绩。——
请你们向士兵们致敬，
他们比将军们更加伟大。

我们一道站在战场的烈火中，
我们懂得，我们为什么而战斗，
有些人为了捍卫他们的原则，
有些人为了保卫他们的财产，
荣誉像魔术师闪烁的眼睛，
鼓舞我们去赢得胜利。——
请你们向士兵们致敬，
他们比将军们更加伟大。

他们不认识原则的重要意义，
而祖国呢？是位狠心肠的保姆，
士兵们流汗得到的奖励；
只是面包和掷给的破军服，
倘若他们为了消除苦难站到军旗下，
换来的只是新的苦难。——
请你们向士兵们致敬，
他们比将军们更加伟大。

他们怎么知道什么是荣誉？
倘若他们也懂得，那又有何用？
在历史书籍的篇章里，
哪一页有记载过他们的姓名？
为胜利者编写历史的时候，
谁又写出过人民大众的流血牺牲？——
请你们向士兵们致敬，
他们比将军们更加伟大。

倘若他们成了残废从战场下来，
祖国给他们的只是一根乞讨的木棒，
倘若他们阵亡了，遗忘的潮流，
最终从他们的坟头和姓名上淌过；
然而，他们依然勇敢地扑向
敌人的刺刀，依然扑向战火！——
请你们向士兵们致敬，
他们比将军们更加伟大。

1848 年 10—11 月，德布雷森

**点评：**普通战士的赞歌。

# 1848

一八四八年，你这颗星星呀，
你是人民大众的晨星！……
黎明，大地已经苏醒，
漫漫长夜在黎明到来前逃跑。
黎明来临了，
满脸红光，
它红色脸庞发出强烈的光辉，
那是向世界投来的愠怒的光束，
在惊醒的各族人民的眼睛里，
这红光意味着：鲜血、愤怒和羞耻。

我们为我们奴隶的黑夜感到羞耻，
暴君们，我们的愤怒是朝着你们去的，
在早晨的祷告仪式上，
我们将向我们的上帝奉献鲜血。
当我们正在梦中的时候，
他们阴险地
敲击我们的心脏，
要想消灭我们的生命，
但人民大众仍有足够的鲜血，
向上苍发出呼喊复仇。

大海在极度的惊异中平静下来了，

大海平静了，大地却在震荡，
渴望的波涛拥向高空，
可怕的防波堤高高耸立。
帆船在摇晃……
它的风帆
破碎了，沾满泥污，
如同那位舵手的心，
他独自站立着，头脑已经麻木，
身上裹着一件破旧的紫绒衣。

整个巨大的世界就是一个战场。
有多少手臂，就有多少武器和士兵。
这里，在我脚下的是什么呢？……
嗨，是被砸碎的锁链和粉碎了的皇冠，
把它们通通扔进火堆里去……
可是，不，
我们要把它们送进历史博物馆，置于古董中间，
但要标出它们的名称，
否则，我们的后代子孙，
就不知道这些是什么东西。

伟大的时代！《圣经》上的预言
就要实现了；只有一群，只有一个牧师①。
在这个地球上只有一个宗教：自由！
谁信仰异教，将受到可怕的惩罚。
古老的神明，

---

① 见《新约·约翰福音》第10章第16节。原文是："我必须领他们来，他们也要听我的声音，且要合成一群，属一个牧人了。"

统统倒塌，
用那些坍塌了的雕像石块，
建立起一座新的光荣的教堂，
蓝天是它的圆形屋顶，
让太阳成为教堂里圣坛的明灯。

1848年10月末—11月16日德布雷森

**点评**：对1848年发生在欧洲的革命风暴的赞歌。

## 秋天又来到了这里

这里已是秋天，秋天又到了，
对于我，秋天永远是美好的。
上帝知道，我出于什么原因
喜欢秋天？但我就是喜欢。

我坐在小山丘上，
从这里我向四周眺望，
我倾听着
树上落叶发出的柔弱响声。

温和的太阳光辉，
微笑着俯视大地，
如同慈爱的母亲，
看着她入睡的孩子。

事实上，大地只是
伴随着秋天在睡眠，而不是死亡，
从它的眼睛可以看出，
它仅仅是微微入睡，而不是生病。

它脱下它那美丽的衣裳，
静静地脱掉，一声不响；
倘若春天早晨醒来，
它随即又穿上衣裳。

嗨，睡吧，美丽的大自然，
睡吧，一直睡到早晨，
就让你在睡梦中，
享受着最大的甜蜜。

我用指尖轻轻地
弹奏我的七弦琴，
让我这忧郁、平和的旋律，
作为你的安眠曲。

我亲爱的，你坐到我身旁，
默默无言地坐在这里，
直到我的歌声，如同掠过
湖面的悄悄耳语的风，飘然而去。

倘若你要吻我，就温柔地
把你的嘴唇贴在我的嘴唇上，
不要让已经微微入睡的

大自然从梦境中惊醒。

1848 年 11 月 17—30 日，埃尔多特

**点评**：又是一首令人心醉的爱情诗。

## 城堡下有座毁坏了的园子……

在城堡下有座毁坏了的园子，
在园子上面有座毁坏了的城堡……
模糊不清的悲伤笼罩着它们的上空，
那是秋天的雾和对往昔的回忆。

进入我脑际的，是祖国
当年丧失而我关心的悲惨往事；
这座城堡是逝去的勇士们的坟墓，
这座园子是我活着的爱情的摇篮。

这里，在下面，我在怀里
拥抱、摇荡着我的小鸽子，
那里，在上面，从前是山鹰栖身之处，
是拉科治们居住的地方。

光荣的勇士！甜蜜的爱情！
我再一次走遍这个地方，
我今天在这里，明天即将离去，
也许我再也不能返回。

从今往后，噢，祖国啊，是否
还有人满怀喜悦地来到这里的树下？
从今往后，噢，祖国啊，是否
还有人怀着神圣的敬意仰望你的钟楼？

1848 年 11 月 30 日，埃尔多特

**点评：** 怀古抚今，透露出对祖国的一往情深。

## 这里是我的箭，我射向哪里？

这里是我的箭，我射向哪里？
国王的宝座就在我的面前，
我要把箭射进它的丝绒坐垫，
让它疼得直喷尘土。
万岁，
万岁，共和国！

皇冠非常宝贵，
对国王并不合适，
一头驴子，怎能
配上一副丝绒的鞍座？
万岁，
万岁，共和国！

快，快些拿来吧，
那红色的丝绒外套，

把它作为盖在马背上的毛毯，
这倒是十分相称。
万岁，
万岁，共和国！

他手里握着金杖，
我们快把它夺过来，
把铁锹和锄头塞进他的手里，
让他去挖掘自己的坟墓！
万岁，
万岁，共和国！

这一次，我只说这么一点：
过去，我们当了太久的傻瓜，
现在，我们终于稍稍聪明起来了，
我们要爬到国王的画像上去。
万岁，
万岁，共和国！

1848年12月，德布雷森

**点评**：明确地宣示诗人的政治主张。

## 战斗之歌

喇叭吹响，战鼓擂动，
军队准备奔赴战场。

前进!
子弹呼啸,军刀铿锵响,
鼓舞着匈牙利人。
前进!

把旗帜高高举起,
让全世界都能看清楚。
前进!
让大家都能看到和读着,
旗帜上写着的神圣口号:自由。
前进!

谁是匈牙利人,他就是勇士,
面对面地直视敌人。
前进!
谁生来是匈牙利人,他立刻就是勇士,
这是上帝的旨意。
前进!

脚下是血染的土地,
敌人的子弹击中我的同伴。
前进!
我愿意冲向死亡,
也不愿做得比这更糟糕。
前进!

倘若我们的双手也垂落下来,
倘若我们也全都在这里阵亡,

前进！
倘若必须要有牺牲，那好吧，
我们就牺牲，而不是祖国。
前进！

1848年12月8日，德布雷森

**点评**：催人奋进的战斗进行曲。

## 全世界都在战场上……

全世界都在战场上，
唯独我一人不在那里，
我多次渴望着战斗，
我感觉到，并为它歌唱！

现在，这种愿望，火焰仍在燃烧，
它在我内心深处并没有熄灭，
我该奔赴战场，却又必须留下，
一时间我无法离开。

耻辱与痛苦，
双重的泪水浸湿了我的胸襟，
痛苦袭击着我的心，
啊，不是痛苦，是耻辱。

啊，我的孩子，

你还没有出生，
就给我的心灵带来痛苦，
给我的名字带来耻辱。

倘若你出世了，倘若你活了下来，
那么，你应当这样生活：
洗刷掉我们名字上的污泥，
那是因为你而沾上去的。

那将是往后的事了，那时
我已经进入坟墓……
别使用黑体字
把我的名字刻在墓碑上。

春天来到了！那时
树木将一片翠绿，
象征我名声的大树，
在春天的时光又披上绿装！

1848 年 12 月，德布雷森

**点评**：热情歌颂革命，满怀喜悦迎接即将来临的春天。

## 把国王们统统绞死!

尖刀刺进朗贝格①的心脏,绳子勒住
拉布尔②的脖颈,随后就轮到其他人。
人民啊,你最终显示出伟大的力量!
干的这一切太好了,实在漂亮,
不过,做得还不够多。——
要把国王们统统绞死!

你们可以用镰刀把世界上的野草割光,
然而今天割掉了,明天又会生长,
你们可以把树上的枝条折断,
可是时候一到,树上又会长出新枝;
必须从根底把它刨掉!——
要把国王们统统绞死!

世界啊,难道你还没有弄懂,
仇恨国王是理所当然?
啊,但愿能把我那不可抑制的憎恨,
在你们中间倾泻,
仇恨在我胸中如同大海般汹涌!——
要把国王们统统绞死!

---

① 朗贝格(1791—1848),奥地利将军,被派到佩斯镇压革命,1848年9月28日被革命人民杀死。
② 拉布尔(1780—1848),奥地利政府国防部部长,因镇压革命,于1848年10月6日被维也纳革命群众抓住送上绞架。

他从娘胎里就带来罪恶,
在他心里存的全是坏念头,
他的一生充满罪过和耻辱,
眼睛里射出的是污染空气的目光,
流经他全身的血脉,使大地遭受破坏。——
要把国王们统统绞死!

祖国处处是悲凉的战场,
死亡的恐怖笼罩着祖国大地,
这里一个村庄,那里一座城市在燃烧,
千万人的哀号在空中震撼,
死亡、抢劫,这一切全由于国王的存在。——
要把国王们统统绞死!

英雄们,你们的血会白白流淌,
倘若你们不把皇冠打得粉碎。
那个怪物会又抬起它的脑袋,
那时,一切又必须重新开始。
难道这许多牺牲就白费了?——
要把国王们统统绞死!

每一个人都可以得到友谊和恩惠,
唯独不给国王们,永远不给!
我扔下我的七弦琴和宝剑,
倘若除了我再没有别人,
那就由我来充当刽子手。——

要把国王们统统绞死!

1848 年 12 月，德布雷森

**点评**：反对封建制度，显示出坚定的共和主义战士本色。

## 败仗，不体面的逃跑!

败仗，不体面的逃跑!
无论我朝哪里看，再看不到别的。
如同把石块扔进沙尘里，
扬起了一片尘埃，
噢，我的祖国，
你的形象也蒙上了羞辱，
许多人已经信心不足，
看来你也永远摆脱不了束缚自己。
谁人了解我的失望?
又有谁控告我胆小怕事?
但是，现在我的忧虑却无声地
从遥远神秘的地方朝我扑来，
它们如同夜里的蝙蝠，
带着刺耳的尖叫声来了，
我心里感到一阵阵冷颤，
我的呼吸几乎快要停止。

我的祖国，我的匈牙利祖国，
难道你就是被诅咒的土地?

又是谁这样诅咒你？
在你的土地上，自由
总像是一位永远流浪的过客，
它向你跑来，瞥了一眼，
它刚刚来到，接着又走了，
他们无情地把它赶跑！
三个世纪以来，我们举行过多次起义，
勇敢地甩掉身上的枷锁！
但我们的宝剑每次都掉落在血泊里，
那都是从我们被刺破的胸膛流淌出来的血河，
当我们昏倒在地上时，
暴君们就在我们头上发出狂笑。

现在，我们又重新站起来了……
难道说我们站起来，
就是为了依然再次倒下？
不，不，现在必须胜利，或者是死亡！
我的祖国，奔赴战场，
死亡或者是胜利？
起来，起来，同美好的死亡相比较，
你不能更喜爱不体面的生活，
比起躺在泥沼里，
你理应更愿意躺进坟墓……
但是，谁准备着英雄的死亡，
那他将获得胜利。
出发吧，
伴随着成千上万的人们，
从被奴役的埃及，

奔向自由的迦南，
如同摩西的人民走向胜利！
他们曾有一个上帝，
现在，我们也有自己的上帝，
他将像火柱般领导我们，
敌人流淌的鲜血，
将是我们跨过的红海！

1848年12月，德布雷森

**点评**：担心革命半途而废，呼吁将革命事业进行到底，直至获得真正的全部自由。

## 岁　末

动身吧，你行程已经结束的一年，
走吧，……不过，请稍等一等，不要独自一人离去，
另一世界已经是黑夜，
你需要一盏小小的明灯：
就让我的歌声伴你而行。

我古老的七弦琴啊，
我拨动着你的琴弦；
很久以前，你就待在我身边，
你曾奏出过许多歌曲……我再试试，
看你还能奏出怎样的曲子？

倘若你曾经美好地弹唱，
现在也应该唱得更美好，
你应当不愧于往日的名声，
在这庄严的时刻，
你更应当保持你的庄严。

谁人知道？这是不是
最后的一首歌曲；
倘若现在我把你放下，
将不可能再把你拿起，
你的声音、你的生命就将消失。

我已经参加战神的队伍，
成为这支队伍中的一员；
歌声已经沉寂了一年，
倘若我写，就用
我蘸血的宝剑写下我的诗篇。

奏吧，我亲爱的七弦琴，
奏吧，唱出你心中的一切，
诉说粗野，诉说温柔，
诉说光辉，诉说黑暗，
诉说苦难，诉说欢悦。

愿你是暴风雨，在愤怒中
把古老的槲树连根拔起，
愿你是微风，微笑地
摇晃着原野的小草，

把它们送入宁静的梦中。

愿你是一面镜子，
照出我整个的一生，
那是最美丽的两朵鲜花：
消逝的青春，
和永不消逝的爱情。

我的七弦琴啊，奏吧，
唱出你心中全部歌声……
当太阳西下的时候，
它也要把所有的光辉，
从天上撒落大地。

更强烈地弹奏吧，我的七弦琴，
倘若已经是你最后的歌曲；
它不会突然沉寂！
它将回响在时代、
世纪高山之巅。

1848年12月，德布雷森

**点评**：欧洲其他国家革命声浪呈现沉寂之时，诗人依然歌颂革命、歌颂自由，唱出时代最强音。

# 一八四九年

## 欧洲平静了,又重新平静了……①

欧洲平静了,又重新平静了,
革命的喧嚣已经过去……
真可耻!它平静下来了,
不再为赢得自由而斗争。

那些怯懦的民族,
抛弃了匈牙利人民;
他们的手上是叮当响的铁链,
只有匈牙利人的手里的宝剑铿锵响。

难道,我们这就陷入绝望?
为了这个原因而无限悲伤?
噢,祖国,恰恰相反,

---

① 1848年年初相继发生在意大利、法国、西班牙、奥地利等国的资产阶级民主革命,到了这一年年底,又都先后被反动派扑灭了,只有匈牙利仍在孤军奋战,坚持了差不多一年时间,终因寡不敌众,被奥、俄联军击败。

它正是我们的一种鼓舞。

我们的灵魂受到激励，
我们是闪亮的明灯，
当其他人都熟睡时，
它在黑黝黝夜里透射出光亮。

倘若我们的灯光
不在无限的夜空里闪烁，
上帝在天堂里就可能认为，
世界已经被黑暗所吞噬。

看看我们吧，自由啊！
现在，你认识了你的人民：
当别人连眼泪也不敢给你的时候，
我们却把我们的鲜血奉献给你。

难道说要付出比这更多的东西，
才值得你把祝福赐给我们？
在这不忠实的时刻，
我们是你最后唯一的信奉者！

1849年1月，德布雷森

**点评**：当别的国家革命趋于低潮时，匈牙利人民依然为自由而战。

## 大炮，轰鸣了四天

大炮，轰鸣了四天，
在维西克和蒂瓦①地区，
鲜血染湿了
那里的每一寸土地。

世界已经一片苍白，
美丽的白雪覆盖大地。
殷红的鲜血，
撒落在雪地里。

我们进行了四天的战斗，
那是可怕的残酷的战争，
放眼远远看去，
几乎看不到太阳的影子。

我们已经尽了一切力量，
凡是光荣所希望的……
即便是十多个敌人反对我们，
我们也无力取得胜利。

幸运和上帝，
已经离开我们，
只有一位同路人，留下

---

① 维西克和蒂瓦都是埃尔代伊地区的两个小村庄，匈军与沙俄侵略者曾在此地区进行血战。

同我们在一起,他就是贝姆。①

噢,贝姆,勇敢的军事将领,
我光荣的贝姆将军!
我眼眶满含着泪水,
注视着你伟大的心灵。

我的话语诉说不尽
你伟大的英雄气概,
只能默默地以崇敬的
目光凝视着你。

倘若有一位值得让我向
上帝祷告的人,那就是你,
我在你面前跪下,
低垂着头做祷告。

我的将军,
对我来说,能跟随你②
一道走遍战场,
既危险而又光荣。

我骑着马伴随着你,
在战斗的危险之中;

---

① 贝姆·约瑟夫(1795—1850),波兰民族英雄,国际主义自由战士,杰出军事家,曾参加波兰1830年独立战争。1848—1849年,任匈军埃尔代伊地区指挥官,领导军民与沙俄入侵者浴血奋战,受到包括诗人在内的匈牙利人民爱戴与敬仰。
② 诗人参加贝姆将军的部队作战,被任命为贝姆将军的副官。

那里生命在毁灭，
那里制造死亡。

许多人都离开了战场，只有
你这位老人依然坚定不移，
因此我无论如何
不会离开你。

我要追随你的步伐，
直到死亡为止，
噢，贝姆，我勇敢的军事将领，
我的光荣的贝姆将军！

1849 年 2 月 10—15 日，德布雷森

**点评**：对国际主义英雄——贝姆将军的赞美与敬重。

## 在战场上

愤怒声震撼大地，
愤怒声直冲云霄！
殷红的鲜血在涌流，
红色的光芒在照耀，
西落的太阳夕照，
闪耀着粗野的紫光，
前进，士兵们，
前进，匈牙利人！

太阳透过乌云
凝视着我们,
令人胆战心惊的刺刀
在烟雾中铿锵作响,
沉重的迷雾
在黑暗中冉冉上升,
前进,士兵们,
前进,匈牙利人!

士兵们的武器
长时间地噼啪作响,
大炮在轰鸣,
世界在这轰鸣中摇晃,
你,苍天啊,你,大地啊,
也许现在你就要毁灭!
前进,士兵们,
前进,匈牙利人!

火焰一般的激情,
在我胸中汹涌澎湃,
血腥气味和硝烟,
已经使我们如醉如痴,
我冲锋在前,
无论我活着,或者死亡!
跟随着我前进,士兵们,
跟随着我前进,匈牙利人!

1849年3月2—3日,莫德且什

点评：激烈的战斗，英勇的进行曲。

## 我又听到云雀在歌唱

我又听到云雀在歌唱！
我已经几乎完全把它遗忘。
唱吧，你宣布春天信息的使者，
唱吧，你可爱的娇小的鸟儿。

噢，我的上帝，这歌声
在战斗喧闹之后是多么惬意。
如同山间溪流清凉的浪花，
洗濯着灼热的创伤。

唱吧，唱吧，亲爱的小鸟，
这歌声使我想起了，
我不仅是个杀人的工具，士兵，
同时我还是一位诗人。

从你的歌声，又使我
想起了诗歌和爱情；
这有多么美妙，过去和你
在一起，将来也和你相伴。

记忆和希望，这两株玫瑰树，
由于你的歌声又在开放，
它们低垂着美丽的冠盖，

伸向我迷醉的心房。

我正在做梦，我的梦
是那样的亲切，那样甜蜜……
我梦见了你，我天真无邪的天使，
我是那样真诚地喜爱着你。

你是我心灵的祝福，
我所以从上帝那里赢得你，
是为了表明，天堂不在高高的
天上，而是在地上，在人间。

唱吧，云雀，
你的歌声催促花儿开放，
我的心房原来是荒漠一片，
现在已是一簇簇鲜花怒放。

1849年3月8日，贝特兰

**点评**：诗人渴望的依然是云雀的歌声：诗歌、鲜花与爱情、美好自由的世界。

## 谁人想过……

有谁想过，有谁说过，
这个地方曾经是战场？
短短的几个星期前，

这里流淌了多少鲜血？

我们在这里进行战斗，
周围是敌人的军队，
前面是敌人，后面也是敌人，
这真是一个可怕的日子。

那时，如同男子汉似的，
苍天也大发脾气，
现在，如同小小孩的眼睛，
这里的天空温和、一片蔚蓝。

那时，如同老年人的脑袋，
大地是一片雪白，
现在，如同青年人的希望，
大地是那样的翠绿。

那时，这里的天空，
喧嚣的子弹在飞舞，
现在，在我的头上，
云雀在空中展喉歌唱。

那时，在这里我们看到
原野上血迹斑斑的尸体，
现在，就在那死者躺卧的地方，
一簇簇鲜花在开放。

有谁想过，有谁说过，

这个地方曾经是战场？
短短的几个星期前，
这里流淌了多少鲜血？

1849 年 4 月 3—12 日，沙斯贝什

**点评**：战斗与平静，鲜血与鲜花，在诗人笔下形成鲜明的对比。

# 塞克伊人

用不着我说：前进，塞克伊人！
英勇的青年们也要奋勇前进。
在战争喧嚣最激烈的地方，
他们每个人都希望到那里去战斗，
只要塞克伊人的鲜血还不变颜色，
每一小滴血都抵得上一颗宝贵珍珠的价值！

如同别人去参加婚礼，
他们面对死亡，大踏步前进！
把鲜花插在帽檐上，
歌唱着出现在战斗的原野。
只要塞克伊人的鲜血还不变颜色，
每一小滴血都抵得上一颗宝贵珍珠的价值！

有谁胆敢反对他们？
又有谁拥有他们那样的勇敢？

他们前进，飞速前进，
像风吹尘埃般奔袭敌人！
只要塞克伊人的鲜血还不变颜色，
每一小滴血都抵得上一颗宝贵珍珠的价值！

1849 年 4 月 17 日，柯兰纳贝什

**点评：** 歌颂勇士，歌颂塞克伊人的勇敢精神。

## 埃尔代伊的军队

我们怎能不取得胜利？
贝姆是我们的将领，为自由而战的老战士！
在我们面前闪烁着复仇之光，
那是奥斯特罗林卡①血红的星星。

贝姆就在那里，白发将领，
他的胡须如同一面白色旗帜
在飘动，这也是我们获得
胜利之后和平的象征。

贝姆就在那里，老将领，
跟随在他后面的是我们，祖国的青年们，
大海汹涌的波涛，
也这样追随着暴风雨。

---

① 奥斯特罗林卡位于波兰首都华沙北部。贝姆在 1831 年 5 月 28 日以炮兵军官身份率兵抗击俄军，开始崭露军事才能。

两个民族，我们团结一致，
波兰和匈牙利，那是怎样的两个民族啊！
倘若它们目标一致，那还有什么
比这两个民族的命运更伟大？

我们的目标一致：粉碎铐在
我们身上的共同的锁链，
我们一定要把它打碎，我们对着
既深又红的创伤发誓，我们不体面的祖国！

头戴王冠的强盗，
你派遣雇佣兵来攻打我们，
我们就用他们的尸体，架设起
一座让你通往地狱的桥梁。

我们怎能不取得胜利？
贝姆是我们的将领，为自由而战的老战士！
在我们面前闪烁着复仇之光，
那是奥斯特罗林卡血红的星星。

1849 年 3 月 26—27 日，邦菲胡诺德

**点评**：歌颂贝姆，歌颂两个为自由而战的民族——匈牙利与波兰的战斗友谊。

## 悼念父母亲①

早已等待着说再见的时刻
终于到来了，
既没有说声问候，
也没有上帝的祝福。
我看到了我善良的父亲……或者说只是他的棺木，
即便如此，也只是一个侧面，
也只是在外面的坟地上，
那时，我们把善良的母亲埋葬在他的身旁。

我既失去父亲，也失去了母亲，
没有了，我再也没有父母了，
我拥抱他们，最后一次
在我怦怦跳动的胸前，
我亲吻他们的足迹，
因为他们用他们的心血把我教养成人，
因为他们用他们的神圣的爱抚育我，
好像太阳火热的光辉普照大地。

噢，我的父亲，噢，我的母亲，
你们为什么要离开我们？
我知道，上帝的祝福
只是对你们寂静的坟墓；

---

① 伴随着战争而来的是瘟疫，1849年春夏之间，匈牙利也流行各种疾病，诗人父亲不幸于1849年2月21日死于伤寒，母亲同年5月17日死于霍乱。当时诗人正在前方作战。稍后才返回佩斯料理丧葬事宜。

但是，对你们的祝福，对于我却是诅咒，
我可怜的心都要碎了！
你们曾经是那样地爱过我，
现在我还能等待你们的爱吗？

你们把我抛弃在这里，你们走了，
你们再也不回来了！
你们的坟墓吸干了
我涌流如注的泪水。
流淌吧，我的眼泪，流淌吧，如同奔流不息的溪流，
从我冰冷的脸颊缓缓地流淌，
让你们知道；被遗弃、孤苦伶仃的
孩子的心灵受着痛苦的煎熬。

但是，不，不，我宁愿
离开这里。
别让我的泪水
流到你们的坟头上；
愿上帝饶恕！……我善良、亲爱的双亲，
别再感受到他们儿子的苦楚，
不然的话，他们慈爱的心在坟墓里也得不到安息。
痛苦将是他们长期留下的遗产。

噢，愿上帝与你们同在！……
我再一次地
拥抱，拥抱，
拥抱你们的十字架……
十字架的两端如同一双拥抱的手臂，

如同我父亲、母亲伸出的手臂……
或许，他们要想从停尸床上
起来，再次拥抱他们的儿子！

1849 年 5 月 19—20 日，佩斯

**点评**：失去亲人的悲痛，对亲人深深的哀思。

## 死亡来到了

死亡来到了，它把
我们从地上席卷而去，瘟疫来到了，
邪恶的国王从他那腐朽的灵魂，
向我们吐出撒旦的愤怒。
盛怒的瘟疫运用恐怖的力量，
进行最后的审判，
但我们仍然活着，没有死去，
我们只是倒下，但并没有被粉碎！

匈牙利人还活着，祖国屹立着，
从前，那里是死一般的沉寂，
现在，战斗的刀剑铿锵响！
每一次音声都响彻世界！
噢，我的人民，你至今仍然
不知道你是否存在，现在，世界
知道了：你已经落伍了，站在前面
的人，他们正注视着你。

哪一个匈牙利人从前不觉得羞耻，
当命运注定他生来是匈牙利人时？
哪一个匈牙利人现在不感到骄傲，
由于上帝的仁慈使他成为这个民族的一员？
那是最尊贵的皇冠，
胜过任何人的一切：尊严和真理，
噢，神圣的祖国，我从那里寻觅鲜花
合适地装饰在你光荣的头上！

但是，你没有完成
你必须完成的工作，
砍木节子的工作你只完成一半，
另一半你必须用你的刀锋去完成，
倘若你最后完成了这件工作，
那时候，不但是我，
而且全世界伟大的人类
将会给你戴上桂冠。

前进吧，我的民族，不要站住，
你怎能在中途就打住？
你只是在半路上，还要登上山巅，
对于走向山谷的人已经是很轻松，
前进，前进，举着你手中的旗帜，
全欧洲都在你身后前进，追随着你，
祖国啊，现在你是世界的领导……
这是多么重大的责任，多么令人感到鼓舞！

1849年5月21日，佩斯

**点评**：在危难时刻，诗人依然鼓舞民族一如既往地奋勇前进，进行最后的战斗，充满必胜的信心与希望。

## 轻骑兵

我是个穷苦青年，
一点财产也没有，
我的心也不属于我，
早已被我的鸽子所占有。

我神圣的祖国啊，
我的祖国，我把生命
作为准备好的牺牲品，
我心甘情愿为你牺牲。

最后留下来的，
是我崇敬的你的贞洁，
我将携带着它，
同你一道飞进坟墓。

1849 年 5 月 27—28 日，沙隆托

**点评**：对祖国的一片纯洁的忠心。

## 起来，投身神圣的战争

这是考验，最后的

伟大的考验：
俄国佬来了，俄国佬来了，
已经真正的出现在这里。
因此，
最后的审判到了，
但是，我既不是为我自己，
也不是为我祖国而感到惧怕。

我为何要害怕
审判的日子！
只有那些人才感到害怕：
他们卑鄙地对待匈牙利人，
他们打击纯洁无辜的匈牙利人，
现在，全能的上帝，
就要愤怒地
鞭打他们。

起来，祖国全体
居民，
时刻到了，每一个人
都要履行自己的义务；
走出家门，奔向战场，
人们啊，
现在，整个匈牙利
就是一支伟大的军队！

不用多说了，我们大家
一同奔赴战场，

在神圣的战斗中，
要么死亡，要么赢得胜利。
战争是神圣的，我们不是
为国王而战斗：
反对国王！为我们的自由、
我们的上帝、我们的祖国而战斗！

该诅咒的国王，你已经
意识到你的失败，
你为了拯救自己，
将灵魂出卖给了魔鬼。
但这桩买卖是徒然的，
你要记住：
被上帝遗弃的人，
魔鬼也救不了他的命。

俄国佬很多，数目庞大，
但又有何用处？
匈牙利人将会更多；
也许一百个人对付一个俄国佬，
倘若我们比他们人数少得多，
那也无妨：
感谢上帝，
匈牙利人，世界召唤着我们！

别害怕，我们的孩子们，
你们不用害怕，
野蛮的哥萨克大兵

不会用长矛刺杀你们；
我们的妻子们，亲人们，
你们不要哭泣，
外国人的拥抱，
不会让你们变丑。

我们的父亲们，母亲们，
神圣的先辈们，
不许敌人在你们的
坟头上践踏；
宁愿我们的民族牺牲，
最后只剩下一个人，
我们的汹涌澎湃的鲜血激流，
将直冲天穹云霄。

在我们眼前，神圣的一切
都处在危险之中，
倘若世界也向我们进攻，
我们就必须在这场战争中赢得胜利；
倘若，千百万人必须牺牲，
那么，就让我们去牺牲吧！
现在，还有谁会吝惜
自己的生命和鲜血？

而你，上帝啊，
匈牙利人的伟大上帝啊，
愿你与你的人民、忠实于你的人民、
你的善良的人民同在！

把你伟大的权力交付给
你的儿子们的心灵，
把你震撼世界的愤怒，
置于我们武器的前端吧！

1849 年 6 月 20—30 日，佩斯

**点评**：为祖国的独立、为民族的自由解放，不畏强敌，战斗到底，显示出巨大精神力量，并做出了相应的行动，可歌可泣。

## 可怕的时刻……

可怕的时刻，可怕的时刻！
一切都是那样的毛骨悚然。
我敢发誓，
也许上苍
有意要消灭匈牙利人。
我们全身鲜血淋漓，
半个世界的军刀都在反对我们，
我们又怎能不如此呢？

来自战争的祸害，
还算不了什么，
跟随在我们身后，
更悲惨的是瘟疫。
这是来自上帝的
一部分打击。

在消耗殆尽的土地上，
举起双手迎接死亡。

我们是不是失去了一切？
或许还剩下某个人，
由他来给世界
书写下
这野蛮、黑暗的
时刻？
倘若还剩下某个人，
他会叙述这悲惨的一幕？

倘若他能如同我们
所了解的那样加以叙述：
那么，会不会有人
相信这一段历史？
而这种叙述会不会
被认为
是一桩发疯的、恐怖的、
思维混乱的故事？

1849 年 7 月 6—17 日，梅约帕里尼

**点评**：这是诗人给世人留下的最后诗句；不久，诗人就在与敌人发生的遭遇战中捐躯沙场，践行为爱情、为自由不惜牺牲生命的誓言。

# 第四部分

# 裴多菲年谱

  1823 年 1 月 1 日，未来的诗人彼得罗维奇·山陀尔出生在匈牙利阿尔弗勒德大平原的小城镇——奇什克勒什。父亲是位屠户，母亲婚前当过女佣。

  1824 年 11 月，全家迁到奇什孔费勒治哈约居住。父亲在此地开设了一家肉铺，家庭经济较为富裕。他们一家在此地住了七个年头，诗人后来在诗篇里描述的故乡，指的就是这座小城。

  1828 年 年满六周岁，父亲把他送进当地小学学习。

  1828—1832 年 父亲将他转去克茨克梅特，接着又转到沙波特沙拉什上学。他在学校里除了学习匈文，还学习拉丁语。父亲希望把他培养成牧师或者商人。他童年时期多次离家在外念书，不免养成孤独的性格，不善交往，由于一心苦读，加之天性聪慧，成绩优秀。

  1833—1834 年 他十岁时，父亲将他送到佩斯上中学。在学校里，他感到神学课枯燥无味，却对西欧和匈牙利古典作家作品大感兴趣。又对演员生活产生极大兴趣，学习成绩一度下降，引起校方和父亲的不满，受到父亲的训斥。

  1835—1838 年 父亲为了让他避免大城市的不良影响，把他转送到乡村气息较为浓厚的奥绍德清教徒学校上学。他在此地苦读三年，又跻身于优等生的行列。他参加自学小组，并开始写诗。1838 年夏季，多瑙河洪水泛滥成灾，父亲的生意受到极大损失，家境陷入困窘，无力再供他上学。

1839 年　由于家庭经济困难，他不得不结束了正规学校的学习，在佩斯民族剧院当过临时演员，随后又参加一个剧团去外地巡回演出，担任小角色。

1839—1840 年　在边城肖普隆一个雇佣步兵团当列兵，闲暇之余继续学习并写作。

1841 年　年初因病离开军队。随后徒步来到帕波，结识约卡伊·莫尔。

1842 年　5 月 22 日，第一次在《雅典论坛》上发表短诗《酒徒》，署名是裴多菲·山陀尔。这个名字从此沿用下来。

1843—1844 年　1843 年年初，诗人步行回到佩斯，随即又去波若尼。他想参加剧团未获成功，只好靠抄写国会公报所得的微薄收入维持生计。随后他又步行去德布雷森。在贫病交加中熬过严寒的冬天。1844 年年初春，他携带诗稿，徒步经古城埃格尔返回佩斯，经魏勒什马尔蒂·米哈依的推荐，他的诗集得以出版。也是在魏勒什马尔蒂的帮助下，他 7 月当上《佩斯时尚报》的助理编辑。秋天，完成了长诗《农村大锤》的写作。年底，他仅用六天时间，写出长诗《亚诺什勇士》。11 月，出版了第二本诗集。

1845 年　3 月，长篇叙事诗《亚诺什勇士》出版。3 月下旬，第四本诗集《埃德特尔卡坟头上的柏叶》出版。4—6 月，裴多菲做了一次北部长途旅行，此行的成果是产生了散文集《旅行杂记》。同时还完成了剧本《泽尔德·马尔齐》的初稿。10 月，《爱情珍珠》诗组发表。11 月，第六部作品《诗集》出版，引起思想保守的批评家的反对、围攻。对此，裴多菲予以有力的反击。这期间开始《云》诗组的写作。

1846 年　继续写作诗组《云》，并于 4 月作为第七部诗集出版。7 月，发表长篇小说《刽子手的绞索》。同年 3 月，匈牙利第一个作家团体"青年匈牙利"（即"十人协会"）成立。9 月 8

日，结识申特莱依·尤丽娅，坠入爱河。11月，准备出版《诗歌全集》，12月完成序言的写作。

1847年　年初，发表箴言诗《自由、爱情》。1月间出版剧本《老虎与土狼》。3月，第八部书《诗选》出版。5月，向尤丽娅求婚，遭女方父亲反对。与此同时，完成了第二部散文《旅行书简》的写作。9月8日，尤丽娅不顾父亲的反对与裴多菲结婚。他们在柯尔托度蜜月后，回到佩斯定居。

1848年　1月，意大利爆发革命。2月，出版第九本书《诗集》。2月22日，法国爆发革命。3月，维也纳人民起义，正在外地的裴多菲立即赶回佩斯，3月13日晚，写出著名诗篇《民族之歌》。3月15日，裴多菲与"十人协会"的同伴领导了佩斯人民起义；当天，在民族博物馆前广场的万人集会上，他当众朗诵了《民族之歌》。6月间，他返回故乡参加选举，由于地方封建势力阻挠而遭受失败。8至9月间，他写完长篇叙事诗《使徒》。9月参加军队，在与奥地利接壤的边境地区与应征入伍的父亲相会，他写下了著名的《年迈的擎旗手》一诗。12月15日，儿子佐尔坦出生。

1849年　1月，参加贝姆将军领导的军队，被任命为少校副官，参加与敌人的血战。3月21日，父亲因病逝世，5月17日，母亲亦因病故去。7月中旬，奥地利军队围攻佩斯，裴多菲偕同妻儿赴德布雷森，安顿好他们后，7月8日奔赴前线。跟随贝姆将军巡视战场。7月31日，贝姆将军率领的军队在塞格什堡与沙俄军队发生遭遇战，在激烈的战斗中，诗人不幸死于沙俄哥萨克士兵的刀枪下，尸体被草草埋进"万人冢"，年仅二十六岁零七个月。

# 后　　记

　　我国文化界跟匈牙利文化的交往早有渊源。仅以文字领域为例，20世纪二三十年代起，以鲁迅、茅盾为代表的我国文化界进步人士就关注到远在万里之外欧洲腹地的匈牙利文学，并着手将匈牙利一些优秀作家及其作品翻译介绍给中国读者。匈牙利著名诗人裴多菲、小说家约卡伊、密克沙特等就是我国文学界和读者最先熟知的匈牙利文学家。值得注意的是，在那个年代正是中国人民受到外国列强欺凌、国家奋发图强、民族传统精神复兴之时，以鲁迅、茅盾为代表的文化、文学大师率先重视介绍包括匈牙利文学在内的东欧弱小民族文学到中国来，契合时代的要求，相似的、具有共性的命运遭遇产生的感情上的相通，也自然让中国读者对东欧弱小国家民族文学倍感亲切、产生好感。

　　关于裴多菲及其创作的诗歌在我国的介绍、翻译和传播，首先得益于鲁迅先生的慧眼重视。早在20世纪二十年代中期（1925年），鲁迅先生就亲自翻译发表了裴多菲五首诗歌，并著文称赞裴多菲"他擅长之处，自然在抒情诗"，又说裴多菲"所著诗歌妙绝人世"。在这期间，我国著名革命青年作家白莽（殷夫）诠释了裴多菲著名短诗《自由与爱情》："生命诚可贵，爱情价更高，若为自由故，两者皆可抛。"诗歌的作者跟译者虽然属于不同时代的革命者，但这首短诗所具有的革命激情和崇高思想，表明他们的心灵是相通的。这首哲理短诗脍炙人口，至今仍在我们广大读者中间流传，产生良好影响。也就是在这时期，在鲁迅先生的大力帮助下，著名翻译家孙用先生翻译的裴多菲的长篇叙述诗《勇敢的约翰》得以在中国出版。此后，在20世纪五十年代中期，又出版了孙用先生翻译的《裴多菲诗选》，广受中国读者欢迎。可以说，以上情况属于裴多菲及其诗歌在我国介绍、翻译的最早阶段，其特点是着重于翻译，关于诗人的介绍和诗作评论尚有不足；而且，同当时被介绍到我国来的匈牙利作家作品一样，裴多菲的诗作也是从英、德或世界语转译的中译本。

从20世纪六十年代以来，我国文学翻译界对匈牙利文学的译介工作有了新的发展，进入有计划有目标安排出版阶段，而值得重视的是，除了部分作家作品依然从俄、英、德等语种转译外，已经出现许多直接从匈牙利语翻译过来的匈牙利作家作品的中译本。20世纪五十年代，一批中国公费留学生赴匈牙利高等学府学习，学成归国后分配在外事、经贸、文教等领域从事与匈牙利交往、交流工作，少数几位留学生回国后则从事匈牙利文学研究与翻译，以此为开端，匈牙利经典作家，如魏勒什马尔蒂、裴多菲、约卡伊、米克沙特、莫里菲兹、奥第、尤若夫及一些当代著名作家作品的中译本，就是他们直接从匈牙利语译成中文出版的成果。同时，在各种书刊、专业论文集上发表、收入了有关匈牙利作家、作品的介绍、评论和研究文章、论文等，大大促进了我国文学界对匈牙利文学的研究工作。其中对裴多菲的译介工作更为显著，具体表现为：首先，裴多菲的诗歌作品有了新的直接从原文翻译过来的中文版本；其次，对诗人的介绍已不停留在一般性的文字，出现了具有研究性质的专论，还出版了诸如《裴多菲评传》《裴多菲传》等传记性作品。

裴多菲是匈牙利经典作家、伟大的革命爱国主义诗人，在世界诗坛上享有很高声誉，他本人和他创作的诗歌受到中国广大读者的尊重和喜爱，得到普遍的赞誉。基于此，并考虑到裴多菲的诗歌作品在我国已有较多的介绍，在此基础上，有进一步加深研究的必要性。因此，本书追求的成果在于：通过直接从原作选择具有标志性的诗人诗作，予以点评，并结合对诗人人生道路、生活时代背景、诗歌创作各个阶段的推进、诗歌艺术形式的创新与特点等的详细深入分析、阐述，形成一个整体，求得对裴多菲及其诗歌有深刻、全面的了解与认识；相信，对裴多菲和他的诗歌创作的认知与研究越是深入，就肯定越能更好地欣赏他的诗歌的艺术特色和理解诗人诗歌创作的重大意义。

以上扼要阐明，仅作为本书后记！

冯植生

二〇一六年十一月十八日

北京